KB212863

사랑하는

_____ 님께

_____ 드립니다.

매력있는 **아버지**
지혜로운 **어머니**

초판 1쇄 발행 | 2017년 4월 20일

지은이 | 오 성 택
펴낸이 | 채 주 희
펴낸곳 | 엘맨

등 록 | 제10-1562호(1985. 10. 29)
주 소 | 서울시 마포구 신수동 448-6
전 화 | (02) 323-4060
팩 스 | (02) 323-6416
이메일 | elman1985@hanmail.net
홈페이지 | www.elman.kr

값 11,000원

※잘못된 책은 바꾸어 드립니다.

매력있는 **아버지**
지혜로운 **어머니**

오성택 지음

좋은 책으로 하나님의 사람을 만들어 가는 **엘 맨**

아버지가 되는 일이 쉬운 것이 아닙니다. 아버지가 왜 그렇게 중요합니까? 두란노서원 어린이연구원의 도은미 사모는 이렇게 말했습니다.

"남자로 태어난다고 다 남성이 되는 것은 아닙니다. 남성이 된다고 다 남편이 되지는 않습니다. 남편이 된다고 다 아버지가 되는 것은 아닙니다. 이는 남자라는 신분의 절정이 아버지 됨에 있기 때문입니다. 남자라는 신분의 최고의 절정은 바로 아버지 됨입니다. 대통령이 되는 것도 교수가 되는 것도 사장이 되는 것도, 아니 이 세상의 어떤 신분도 남자로 태어나 아버지가 되어 보는 것 이상의 고귀하고 아름다운 신분은 없습니다."

아버지가 된 것을 감사해 보셨습니까? 이제 우리는 아버지 역할을 배워야 합니다. 그리고 아버지다운 아버지가 되어야 합니다. 오늘날의 아버지는 아버지로서 존재하지 않습니다. 이것이 이 사회의 비극입니다.

성경에서의 야곱, 즉 하나님으로부터 받은 이름인 이스라엘이 그의 아들 요셉의 자녀들에게 축복을 주는 모습은 일그러진 아버지 상이 아닌 참된 아버지의 상을 보여줍니다. 또한 가족의 건강성을 회복할 수 있는 가르침이 있습니다.

아버지와의 사랑의 관계는 인생의 기초공사입니다. 그런데 그 기초공사가 제대로 되어 있지 않기 때문에 아파하는 모습은 어쩌면 당연한 결과가 아닌가 생각합니다. 아버지의 온전한 사랑을 받지 못한 경험이 만들어낸 아프고 병든 인생의 모습들이 오늘도 병적인 몸부림을 계속하고 있습니다.

인간은 누구나 다 어머니로부터 생명을 이어받았으며, 어머니의 손을 거쳐서 양육되고, 어머니의 사랑과 훈육으로 인생의 길을 걸어가는 것입니다. 하나님의 아들인 예수님도 어머니의 태를 빌어 잉태되었고, 어머니 품에서 자랐던 것입니다. 그도 인간으로 태어난 이상 어머니의 양육과 사랑이 필요했다고 봅니다.

"건강한 어머니에게서 건강한 자녀가 태어난다."는 말이 있습니다. 그렇다면 인간의 행, 불행, 국가의 흥 망성쇠도 어쩌면 어머니에게 달려 있다고 볼 수 있습 니다. 인간의 마음속에 아름답고 사랑스러운 추억을 길이 남겨주는 사람이 어머니 외에 또 누가 있겠습니 까? 기쁠 때나 슬플 때나 가슴속에 그 인자한 모습을 그리고 영구히 같이 살고 싶은 분이 바로 어머니인 것 입니다. "어머니!" 하면 가슴이 뭉클해지고 눈물이 솟 아나려고 합니다.

'어머니'란 말처럼 인간에게 깊은 감명을 주는 말, 또 부르고 싶은 말은 없을 것입니다. 세상에 태어나 입에서 처음 나오는 말도 '엄마'라는 말이고, 넘어졌을 때 무심코 나오는 말도 '엄마'라는 말입니다. 외로울 때, 아플 때, 슬플 때 어머니가 절실히 그리워지며, 세 상이 다 나를 버린다 해도 어머니만은 나를 버리지 않 을 것입니다. 어머니를 그리는 눈물은 마음의 고향을 그리는 향수의 눈물이며, 사랑의 감로수를 그리는 가장 순수한 눈물입니다. 세속에 시달린 마음을 어루만져 주고 감싸주는 어머니가 그토록 그립기 때문입니다.

이 책을 통해 아버지들이 매력 있는 아버지들이 되기를 바라고, 지혜 있는 어머니, 그리움의 고향인 어머니들이 되시기를 바랍니다.

그리고 말기 암으로 11년째 투병중인 아내 임정희 사모가 회복되기를 기도하며, 책의 출판을 위해 어려운 생활 가운데서도 무명으로 후원해주신 오 권사님께 깊은 감사를 드리며, 엘맨출판사 채주희 사장님과 직원 여러분들께도 고마움의 뜻을 전합니다.

매력 있는 아버지

오 성 택

제2부 아버지가 들려주는 황금률

제3부 어머니는 누구인가?

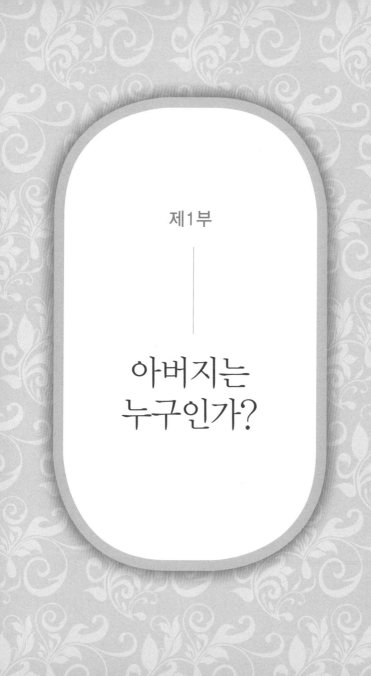

제1부

아버지는
누구인가?

1. 아버지의 자리

'소피 메슨'이란 사람이 이런 이야기를 했습니다. "우리는 어린이들을 귀찮은 존재로 생각하는 경우가 너무나 흔하다. 어떤 사람들은 어린이들로부터 해방되었다고 말하는가 하면 어떤 휴양지에는 어른들이 자기네들끼리만 즐기려고 어린이들을 맡겨 놓는 장소를 마련해 놓고 있다. 부모들은 학교에 다니는 아이들이 방학하는 것을 싫어한다.

어린이들을 싫어하거나 세상을 어린이 같은 눈으로 보기를 거부하는 사람들의 생활태도에는 차가운 그무엇이 있다. 어린이들은 우리로 하여금 이 세상이 우리가 원하는 것같이 가지런히 정돈된 곳이 아니라는 것을 이해하게 해준다. 그들은 또 우리 어른들이 무시하려고 애써 온 정서와 본능을 새삼 깨닫게 해준다. 뿐만 아니라 어린이들은 우리가 매일 얼마나 많은 기적들을 못 보고 지나치고 있는지를 깨우쳐 준다."

성경은 분명히 이야기합니다. "자식은 여호와의 주신 기업이요 태의 열매는 그의 상급이로다"(시 127:3).

자녀는 하나님의 선물입니다. 그래서 악트 마이어는 이렇게 말했습니다. "부모된 우리들은 자녀를 통해 우리 자신에 관한 많은 것을 배웁니다. 즉, '우리는 완전하지 못하고, 화를 잘내고 참을성이 없고 지쳐 있다. 세상 전체의 삶은 말할 것도 없고 다른 한 사람의 삶을 인도하는데 필요한 지혜도 갖추고 있지 못하다. 우리는 남의 잘못과 약점을 용서하는 마음이 크게 모자란다.'는 것입니다. 나는 내가 범한 모든 잘못, 특히 첫아이한테 범한 잘못을 생각하게 되면 하나님의 은총에 감사하는 마음으로 가득 찹니다. 나의 여러 가지 잘못에도 불구하고 하나님께서는 그 아이가 훌륭한 성인이 되기까지 인도하시고 양육해 주셨기 때문입니다. 그러나 우리는 또한 자녀를 통해 우리가 우리 자신이 생각하는 것보다 훌륭하다는 것을 배우게 됩니다."

〈십대들의 쪽지〉의 발행인인 김형모 씨가 쓴 글에 딸아이에 대한 이야기가 나옵니다. 라면을 끓여서 식히느라 젓가락으로 후후 불고 있는 아빠에게 딸이 이렇게 말했습니다. "아빠, 왜 라면이 서 있지? 다리 아프겠다." 그리고 바람에 흔들리는 나무를 보고는 "아빠, 나무가 무서운가봐. 나무가 잠을 안자." 라고 말했습니다. 그런 아이가 한번은 어린이용 〈매일성경〉을 꼭 껴안고 누워있기에 "왜 그렇게 무거운 성경을 껴안고 있니?" 그랬더니 아이가 이렇게 말했습니다. "나 지금 하나님을 껴안고 있는 거에요. 하나님 말씀은 하나님이잖아요." 그래서 자녀들은 어른들의 스승이라고 합니다.

아버지가 되는 일이 쉬운 것이 아닙니다. 아버지가 왜 그렇게 중요합니까? 두란노서원 어린이연구원의 도은미 사모는 이렇게 말했습니다.

"남자로 태어난다고 다 남성이 되는 것은 아닙니다. 남성이 된다고 다 남편이 되지는 않습니다. 남편이 된다고 다 아버지가 되는 것은 아닙니다. 이는 남자라는 신분의 절정이 아버지 됨에 있기 때문입니다. 남자라는 신분의 최고의 절정은 바로 아버지 됨입니다. 대통령이 되는 것도 교수가 되는 것도 사장이 되는 것도, 아니 이 세상의 어떤 신분도 남자로 태어나 아버지가 되어 보는 것 이상의 고귀하고 아름다운 신분은 없습니다."

아버지가 된 것을 감사해 보셨습니까? 이 아이들이 없었다면 결코 우리는 인내를 배우지 못했을지도 모릅니다. 사랑이 무엇인지 알지도 못한 채 이기심의 노예가 되어 버렸을지 모릅니다. 실제 자식을 키워보지 못한 사람은 하나님의 사랑을 깊이 자각하지 못한다고 할 수 있습니다. 그러므로 자녀는 우리를 가르치시기 위한 하나님의 계획인지 모릅니다. 자녀로 인하여 우리는 하나님의 심정을 배우게 됩니다. 용서를 배우게 됩니다. 사랑을 배워갑니다. 제가 사랑이 가득해서 제 자녀를 사랑하는 것은 아닙니다. 오히려 부족한 사랑을 가지고 아이를 사랑하면서 사랑을 키워갑니다. 그래서 아이는 아버지의 거울입니다. 아이가 있으므로 성숙을 배웁니다. 때문에 아버지가 되는 것은 너무도 중요한 일입니다.

이제 우리는 아버지 역할을 배워야 합니다. 그리고 아버지다운 아버지가 되어야 합니다. 사회에서 우리가 맡은 자리는 우리가 없더라도 다른 사람이 대신 그 자리를 맡아서 할 수 있습니다. 그러나 우리가 너무

바쁜 일이 생겨 아버지 역할을 할 수 없으니 누군가에게 그 역할을 대신 해달라고 부탁해도 해줄 수 있는 사람이 없습니다. 다른 역할은 누구라도 채워주고 보충해 줄 수 있습니다. 그러나 아버지의 자리만큼은 불가능합니다.

2. 아버지의 특권

오늘날의 아버지는 아버지로서 존재하지 않습니다. 이것이 이 사회의 비극입니다. 성경에서의 야곱, 즉 하나님으로부터 받은 이름인 이스라엘이 그의 아들 요셉의 자녀들에게 축복을 주는 모습은 일그러진 아버지 상이 아닌 참된 아버지의 상을 보여 줍니다. 또한 가족의 건강성을 회복할 수 있는 가르침이 있습니다. 그래서 아버지의 권위가 어떤 것인지를 가르치고 있습니다. 창세기 24장, 48장에 이어 가정 이야기를 담고 있는 중요한 봉우리와 같습니다. 24장이 가정을 이루기 전 만남의 과정이라면 48장은 이미 가정을 이룬 가정 안에서의 이야기입니다. 24장이 하나님이 만남 속에 어떻게 개입하고 있는가를 서술하고 있다면 48장은 한 생애를 인도해 오신 하나님에 대한 고백이 있습니다. 그리고 그 하나님의 약속을 세대에서 세대로 이어가는 축복의 과정이 서술되어 있습니다. "이스라엘"이란 이름은 하나님의 약속으로 주어진 이름입니다. 하나님의 약속이 담긴 이름입니다. 이제 병들고 그 육체가 보잘것없고 이미 죽음을 눈앞에 둔 무기력한 노인네이지만 결코 그 이름은 약하지 않습니다. 세상의 권력을 가지고 있지만 아버지 앞에서의 축복을 얻기를 원하는 요셉이 그의 두 아들을 아버지 앞에 데리고 나옵니다. 임종을 앞두고 있는 병들고 나이 들고 나약한 그 아버지 앞에 나옵니다. 그러나 요셉은 그의 아버지를 절대로 나약한 아버지의 모습으로 볼 수 없습니다. 바로 아버지로부터 이방여인에서 얻은 자신의 두 아들에게 하나님의 백성의 축복을 얻어야 하기 때문입니다.

바로 여기에 아버지 상이 있습니다. 자녀를 위해 축복하는 아버지야말로 가장 힘 있는 아버지입니다. 그래서 부모는 자녀에게 하나님의 소원을 전하는 자입니다. 또한 축복권은 아버지의 권위의 상징입니다. 야곱은 아버지 이삭의 축복의 손길을 통하여 장자의 권한을 누렸습니다. 비록 수단과 방법을 가리지 않고 축복을 쟁취한 일은 여러 가지 고통을 수반했지만 그 모든 것이 그대로 이루어졌습니다. 아버지의 손길을 통해 내려지는 축복은 그대로 성취되었던 것입니다.

진정한 아버지의 권위와 특권은 아버지가 자녀를 축복함으로부터 시작되어야 합니다. 늙고 힘없는 아버지일지라도 그가 여전히 존경받아야 할 이유는 그에게 축복권이 있기 때문입니다. 요셉이 병든 아버지 앞에 무릎을 꿇었던 것은 바로 이 때문입니다.

　이제 우리는 재물이나 돈이나 명예로가 아니라 하나님의 거룩하신 이름으로 자녀들을 축복해야 할 것입니다. 여기 진정한 아버지 상이 있습니다. 이것이 나아가 흔들리는 가정을 바로 세워 가는 비결이기도 합니다.

3. 아버지의 마음

성경 누가복음 15장의 말씀 속에 탕자의 이야기를 주님이 하십니다. 아버지의 재산 중에서 자신의 몫을 받아서 먼 나라로 떠나가서는 자신의 삶을 살다가 재산을 탕진하고 굶주림과 외로움으로 나날을 보내던 탕자는 그 위기 상황에서 집으로 돌아갈 생각을 했습니다. 단순히 배고픔을 견디지 못한 아들이 어쩔 수 없이 먹을 것을 찾아 집으로 돌아갔을까요? 그가 찾았던 것은 먹을 양식이 아닌 '아버지' 였습니다. 말씀 속에서 나타난 탕자의 모습 속에서 그가 계속 찾은 것은 다름 아닌 아버지였습니다. '내 아버지에게는', '아버지께 가서', '아버지여', '아버지께' 즉, 그가 돌아간 곳은 집이 아니라 아버지였습니다.

원문을 충실히 읽어보면 '그 자신에게로 돌아와'란 뜻이 나타나는데, 그는 굶주림을 통해 비로소 아버지와 자신의 깨어진 관계를 바라보게 되었습니다. 그가 돌아서려고 했던 것은 아버지였습니다. 아버지야말로 자녀들이 안겨야 할 영혼의 안식처입니다. 자녀들이

사모해야 할 쉼터입니다. 아버지는 자녀들에게 쉴 만한 물가와 같은 것이며 푸른 초장이기도 합니다. 그러므로 아들을 그 죄에서 끌어올릴 수 있는 분은 아버지였습니다. 생의 위기상황 가운데서 자녀를 돌이키게 한 위대한 힘이 곧 아버지였습니다. 아버지란 언제나 자녀의 삶에 있어 하나의 분수령과도 같습니다. 언제든지 생의 전환점이 되는 것입니다.

탕자의 비유에서 나타나는 아버지에게서 멀리 떠난

자식을 늘 생각하는 아버지의 마음이 나타납니다. '아직도 상거가 먼데', '저를 보고' 여기 이 한마디에 아버지의 마음이 깊이 배어 있습니다. 이는 자녀가 어디 가서 무엇을 하며, 멀리 떠난 자녀가 돌아오는지 아버지는 서서 멀리 내다보며 기다리고 보살핀다는 이야기입니다. 이 모습이 바로 아버지입니다.

아들을 기다리던 아버지는 보자마자 목을 안고 입을 맞추었습니다. 그리고 그 아버지의 마음을 한마디로 표현한 단어 가운데 가장 놀라운 단어는 '측은히'라는 단어입니다. 이것이 아버지의 마음입니다. 아들의 아픔에 깊이 동참하는 아버지의 마음이 잘 나타난 단어입니다. 그런데 뜻밖에 우리가 살피는 이 아버지는 바로 우리가 믿는 하나님이십니다. 그분은 우리를 오래 참으심으로 가르치시고 돌보시고 인도해 주십니다. 측은히 여기시고 우리를 용서해 주십니다. 그러므로 이 아버지 하나님을 체험할 때 우리는 좋은 아버지가 될 수 있습니다. 아버지 하나님의 마음을 닮아서 행할 때 우리는 좋은 아버지의 마음을 가질 수 있습니다.

4. 아버지의 완전한 모습

가끔 "왜 하나님께서 인간을 갓난 아기의 모습으로 이 땅에 보내실까?" 하는 질문에 봉착합니다. 그분은 인간을 아담과 하와처럼 이미 성장한 성인의 모습으로 이 세상에 보내실 수도 있으셨을 것입니다.

그러나 하나님은 인간이 육체적, 감정적, 정신적으로 서서히 성장하여 결국에는 성인이 되도록 하셨습니다.

하나님이 자신의 사랑이 잘 표현된 '가족'이라는 공동체를 사용하시기 위해 인간을 연약하고 상처 입기 쉬운 아기의 모습으로 태어나게 하셨다고 생각합니다. 하나님은 이런 연약한 아기가 부모의 사랑과 보살핌을 통해 영육간에 건강하며 하나님이 주신 분명한 자존감을 가진 사람으로 성장하길 원하셨습니다. 그러나 이 땅에는 이러한 하나님의 본래 의도와는 전혀 다른 불행한 가정들이 너무 많습니다. 수많은 사람들이 자신의 가족으로부터 버림받고 상처를 입어서 '아버지'라는 말에 그들은 거부반응을 보입니다. 이러한 경험은 하나님을 영접하는 데 큰 걸림돌이 되며 하나님과 사랑의 관계를 맺지 못하도록 방해합니다.

우리는 개인적인 과거의 경험에 따라 하나님께 대한 다른 반응을 보이게 됩니다. 불행했던 과거의 추억은 아버지의 권위를 믿지 못하게 만듭니다. 아버지의 잘못된 권위에 대한 추억은 우리로 하여금 때때로 하나님 아버지의 권위에서 벗어나고 싶은 마음을 갖게 합니다. 그러나 하나님은 결코 그런 분이 아니십니다. 그분은 '온전한 사랑' 그 자체이십니다. 그분은 다음과 같이 말씀으로 계십니다.

"아비들아 너희 자녀를 노엽게 하지 말고 오직 주의 교양과 훈계로 양육하라"(엡 6:4).

하나님은 세상의 아버지들에게 자식에게 화내고 꾸짖기보다는 하나님의 사랑으로 양육하라고 말씀하고 계십니다.

아마도 당신이 신뢰를 갖지 못하는 부모들의 일련의 행동들, 자녀와의 약속을 산산이 부수는 것으로, 자녀들에 대해서 어린 것을 핑계삼아 무시해 버리는 일련의 행동들로 인해서 부모들에 대한 신뢰를 갖지 못했다면 비록 지금은 하나님의 자녀가 되었다고 할지라도 당신이 하나님을 전적으로 신뢰하기란 너무나도 어려울 것입니다.

하지만 하나님 아버지는 당신이 어린아이로 아장아장 걸을 때도 옆에 계셨고, 당신이 실망과 상처가 가득한 사춘기를 보낼 때도 함께 계셨으며, 지금 이 순간에도 당신과 함께 계십니다. 하나님은 결코 우리를 실망시키지 아니하시는 믿을 만한 아버지이십니다.

디모데는 이러한 하나님을 다음과 같이 표현하고 있습니다. "우리는 미쁨이 없을지라도 주는 일향 미쁘시니 자기를 부인하실 수 없으시리라"(딤후 2:13). 우리가 "세상에서 믿을 사람이 하나도 없다"고 말하고 있을 때도 하나님은 자신이 우리에게 하신 약속과 뜻을 이루시는 분이십니다.

아무리 좋은 부모라고 할지라도 결코 모방할 수 없는 하나님만이 지니신 특성이 있습니다. 그것은 당신이 어느 곳에 있든지 항상 당신과 함께하시는 하나님의 현존하심입니다.

육신의 부모는 자식들에게 하루 24시간 내내 주의

를 기울일 수 없습니다. 그러나 하나님은 다릅니다. 그분은 우리와 항상 함께하시며 모든 주의력을 기울여서 우리를 돌보고 계십니다.

"너희 염려를 다 주께 맡겨 버리라 이는 저가 너희를 권고하심이니라"(벧전 5:7). 우리 육신의 부모는 때로 자신들의 일에 몰두하여 자녀들의 사소한 일에는 별로 주의를 기울이지 못할 수가 있습니다. 그러나 하나님은 결코 그렇지 않으신 분이십니다.

성경은 하나님께서 우리의 머리카락 숫자까지도 알고 계신다고 말하고 있습니다. 이 표현은 하나님께서 얼마나 우리를 잘 알고 계시는지, 그분이 우리 인생에 얼마나 많은 관심을 갖고 계시는지를 잘 나타내주고 있습니다.

우리는 결과를 중시하는 실적 위주의 사회에서 살고 있습니다. 우리의 많은 부모들은 다음과 같이 말합니다. "만약 네가 좋은 성적표를 받아오면, 네가 예쁜 행동을 하면, 너는 인정받고 사랑받을 것이다."

그러나 하나님은 아무 조건없이 우리를 사랑하는 분이십니다.

하나님은 그분 자신이 바로 '사랑' 그 자체이시기 때문에 우리를 사랑하십니다. 비록 하나님께 우리를 사랑해달라고 일부러 어떤 행동을 취할 필요는 없지만 그분의 사랑을 받아들이는 것은 필요합니다. 우리가 하나님의 사랑을 받기 위해서 먼저 거룩해질 필요는 없습니다. 하나님은 우리 인간이 정직하고 진실한 모습으로 그분 앞에 나오기를 원하십니다. 우리가 그분 앞에 가기만 하면 그분은 우리 죄를 용서해 주시고 그분의 자녀로 삼아 주십니다.

많은 사람들이 하나님의 사랑을 받아들이지 못하고 있습니다. 그러나 진정한 사랑의 관계는 상호간에 똑같은 사랑의 감정을 느낄 때 비로소 형성됩니다.

이 세상에서 가장 아름다운 모습 중 한 가지는 어린 아이가 어머니의 젖을 배불리 먹고 어머니의 팔에 안기어 잠든 광경입니다. 아이는 불만스러운 것이나 요구하는 것이 하나도 없이 어머니의 사랑의 품속에 곤히 자고 있습니다. 어머니의 자장가 소리는 이 아이에게는 더할 나위 없는 평온함을 느끼게 합니다. 스바냐 선지자는 우리에게 향하신 하나님의 마음이 이와 비슷하다고 말하고 있습니다.

"너의 하나님 여호와가 너의 가운데 계시니 그는 구원을 베푸실 전능자시라 그가 너로 인하여 기쁨을 이기지 못하여 하시며 너를 잠잠히 사랑하시며 너로 인하여 즐거이 부르며 기뻐하시리라 하리라"(습 3:17).

하나님 아버지는 당신의 현재 그 모습 그대로 늘 사랑하십니다. 당신은 인생을 살아가면서 무엇인가를 행하고 평가받고 끊임없이 경쟁해야 합니다. 아주 어린아이일 때부터 당신은 다른 아이들과 비교되며 성장했습니다. 그러나 하나님은 당신외에 당신과 똑같은 사람이 이 세상에 한 사람도 없다는 사실만으로 기뻐하십니다. 물론 지금도 마찬가지입니다.

마음을 열고 부모님과 대화를 나눈다는 것은 어려운 일입니다. 특히 아버지와는 더욱 힘듭니다. 그러나 하나님은 자신의 사랑을 분명히 우리와 나누길 원하십니다. 사실 그분은 자신의 하나뿐인 아들을 주실 정도로 우리를 사랑하셨습니다(요 3:16). 만일 당신이 육신의 부모로부터 사랑받지 못해서 하나님과 올바른 관계를 맺지 못하고 있다면, 당신이 현재 느끼고 있는 바를 하나님께 아뢰고 그분께 도움을 요청하십시오.

중요한 것은 과거에 당신에게 상처를 입힌 사람이 누구이든지 그를 용서하기로 마음먹으라는 것입니다. 그렇지 않으면 과거의 상처와 쓴 뿌리가 당신을 삼켜 버릴 것이며 당신은 하나님과의 관계에 있어서 평화를 누리지 못할 것입니다. 또한 당신은 결코 혼자가 아니라는 사실을 명심하십시오. 나는 지금껏 완벽한 사람을 만나본 적이 없으며 실수하지 않은 부모를 본 적이 없습니다. 모든 사람은 남녀노소를 불문하고 과거의 상처로 인해 고통 받으며 살아갑니다. 중요한 것은 당신이 하나님을 정확하게 알아야 한다는 것입니다. 우리가 알고 있는 하나님과 진짜 하나님과는 전혀 다른 경우일 때가 많습니다.

부모된 자들의 아버지의 모습은 하나님 아버지처럼 완전한 모습을 가질 수는 없습니다. 그러나 하나님의 모습과 하나님 아버지의 사랑을 배우며 익히고 닮아가기를 노력한다면 아버지된 자의 모습은 하나님의 마음과 같은 온전한 아버지의 마음과 행함이 있을 것입니다.

5. 아버지는 사랑의 본보기 입니다

한 젊은 가장의 어린 시절의 가정은 무섭고 까다로운 성격에다 불평불만이 많던 아버지로 인해 불안과 초조와 긴장의 나날을 보냈습니다. 아버지가 집에 계신 날이면 너무 불편해서, 어릴 때는 늘 밖에서 놀았고 될 수 있으면 집에 들어가지 않았습니다. 집에 있으면 까다로운 아버지로부터 야단이나 맞아야 했고, 아니면 엄마를 다그치며 불평하는 아버지의 모습을 보아야 했기 때문이었습니다. 어린나이였던 이 가장은 아빠를 이길 힘도 없었고 엄마를 도울 힘도 없었기에 아픔을 떠나 집 밖에서 생활했습니다. 학교를 다니면서부터는 공부가 좋은 핑계가 되어 밖에서 살았고, 대학 시절에는 공부다 미팅이다 하며 밖에서 살았습니다. 이제 이 소년은 성년이 되어 결혼을 하였고 한 가정의 가장이 되었습니다. 결혼하여 이제 자녀도 둘이나 되는 아버지가 되었는데, 이 가장은 지금도 밖에서 살아가고 있습니다. 집에 들어가는 것이 부담스럽고, 힘들고, 어쩐지 무슨 일이 일어날 것만 같은 불안

감에 밖으로 밖으로 전전긍긍하며 살아갑니다. 내면의 어린 자아에 상처를 입은 아버지들도 많습니다. 그 아버지라는 환경이 아픈 환경이었기에 아버지처럼 살지 않겠다고 몸부림치다가 그 몸부림 자체가 더 아픈 인생을 만드는 경우도 많습니다.

아버지와의 사랑의 관계는 인생의 기초공사입니다. 그런데 그 기초공사가 제대로 되어 있지 않기 때문에 아파하는 모습들은 어쩌면 당연한 결과가 아닌가 생각합니다. 아버지의 온전한 사랑을 받지 못한 경험이 만들어 낸 아프고 병든 인생의 모습들이 오늘도 병적인 몸부림을 계속하고 있습니다.

이제 2000년대로 접어들면서 아버지에게 받은 상처 때문에 아픔을 안고 힘겹게 살아가는 '아버지 사랑 결핍증' 환자들이 부쩍 늘겠구나 생각하니 앞이 아찔합니다. 세계화니 뭐니 하면서 사회는 가정으로부터 부모님을 불러내고, 학교와 학원이 자녀들을 불러내고 있습니다. 가정 밖에서 삶을 영위하는 가족들이 늘고, 가정은 '하숙집'으로 전락하고 있습니다. 우리의 사회가, 우리의 가정이, 또 한 개인 개인이 어떻게 될지 상상이 안 됩니다.

사회가 살고, 가정이 살고, 또 한 개인이 살기 위해 아버지 한 분의 치유와 회복은 너무나 중요합니다. 아버지는 자녀들이 건강한 관계를 맺고 살아가는데 결정적인 역할을 합니다. 아버지는 사랑의 근원입니다. 진정한 사랑은 아버지로부터 경험됩니다. 아버지가 사랑을 경험시켜 주지 못하면 어머니의 사랑은 힘을 발휘하지 못합니다. 아버지의 사랑으로 자녀의 인생에 기초공사를 잘 닦아 놓았을 때 비로소 어머니의 사랑이 그 위에 건축됩니다. 아버지는 사랑입니다. '사랑을 주는 이'입니다. 모성애보다 강하고, 애인의 사랑보다 감격적인 사랑이 바로 자식을 향한 아버지의 사랑입니다. 사랑은 아버지 가슴의 리듬이요, 아버지의 심장에서 흐르는 생명입니다. 이 시대를 일컬어 '사랑이 메마른 자녀들의 시대'라고 합니다. 사랑의 근원이요, 기초인 아버지의 사랑을 경험하지 못했으니 메마를 수밖에 없겠지요. 태어날 때부터 메마른 인생으로 시작할 수도 있을 것입니다. 그러나 한 가지 아는 것은 그대로 그냥 내버려두어서는 안 된다는 것입니다.

우리의 자녀들이 TV나 컴퓨터 또는 게임기에 예속된 아이들로 있도록 무관심하게 내버려두어서는 안 됩니다. 아버지의 사랑은 자녀들을 죄된 길에서 돌이키게 하는 반환점입니다. 세상길에서 방황하는 자녀들을 품어줄 수 있는 유일한 방법입니다. 우리의 자녀들을 악한 영향력의 손아귀에서 사랑으로 구해낼 수 있는 유일한 사람이 있다면 그분도 바로 아버지 한 분뿐입니다.

아버지의 사랑을 회복하십시오. 당신의 사랑이 혹 엉뚱한 곳으로 흐르고 있다면 이제 자녀들에게로 그 물줄기를 돌리십시오. 아버지가 사랑을 회복하고 아내와 하나 되어 자녀를 사랑한다면 '아버지의 애절한 사랑을 갈급하는 자녀들'이 하나 둘 사라질 것입니다. 아버지는 사랑으로 돕는 사람입니다.

6. 아버지는 도움을 주는 사람입니다

　요즘 세월이 많이 변해서 여자와 남자의 행동패턴과 여성과 남성이라는 성 개념이 매우 희박해져 가는 느낌입니다. 남자가 할 일이나 여자가 할 일이라는 명확한 선이 사라져 가고 있기 때문에, 남편과 아내, 그리고 아버지와 어머니의 근본적인 관계와 역할마저도 혼동이 생깁니다. 아버지는 오직 돈 버는 사람으로 전락하여 가정 바깥에 있고 아버지의 빈자리를 채울 길 없는 많은 어머니들이 '아버지'가 되어 무엇을 어떻게 처리해 나갈지 몰라 곤경에 빠져 있습니다.

　한 가지 우리가 알아야 할 사실은, 아버지와 어머니는 매일 매일의 삶속에서 서로가 서로를 위해 힘이 되어 주고 도와주어야 한다는 것입니다. 가정의 경제 사정을 돕기 위해 아내가 돈을 벌 수도 있고, 필요에 따라 가정의 원활한 움직임을 위해 남편이 아내로 도와 가사 일을 함께할 수도 있습니다. 상황적인 필요를 채워주는 각자의 행동을 역할의 혼동이라고 말할 수는 없습니다. 상황과 필요에 따른 적절한 역할 변화는 건강한 가정 관계를 위해 절대적으로 필요한 조건입니다. 만약 필요한 변화가 일어나지 않으면 가정 시스템은 힘들어지고 관계는 병들어 버립니다. 따라서 필요에 따른 역할 변화는 결코 역할의 혼동으로 해석되어서는 안 됩니다.

문제는 신분의 혼동입니다. 여자가 운전을 한다고 자신의 신분을 남자로 혼동한다면, 삶의 영역에서 역할의 혼동은 당연히 일어납니다. 남자가 귀걸이를 했다고 남자라는 자신의 신분에 혼동이 일어난다면 역할 변화에 혼동을 가져오고 어려워질 수 있습니다. 설거지를 한다는 행위가 어떤 남자에게는 상황에 필요한 역할의 변화요, 어떤 이에게는 신분의 문제로 역할의 혼동을 가져올 수도 있습니다. 자기 신분에 대한 정체성이 어떠하냐에 따라 문제가 될 수도 있고 그렇지 않을 수도 있다는 말입니다. 자기 신분에 대한 확신만 있다면 그 신분으로 상황에 따라 무엇을 하든 그것은 그리 큰 문제가 되지 않을 것입니다. 남편인 당신에게 역할의 변화를 요구하는 때가 옵니다. 그때가 바로 당신이 아버지가 되는 때입니다.

이미 몇 백 년 전에 저술된 「태교신기」라는 책이 있습니다. 이 책은 임산부가 지켜야 할 것들에 대해서도 자세히 말하지만, 주위 사람들이 어떻게 임산부를 도와줄 것인가에 대해서 말하고 있습니다. 주위 사람들이 임산부에게 얼마나 큰 영향력을 미치고 또 그 영향이 아기에게 어떤 영향을 미치는지 잘 설명하고 있기에 여기 그 책의 일부를 소개합니다.

"태아를 기를 때는 임산부 자신뿐 아니라 온집안 사람들이 항상 조심하고 삼가야 한다. 임산부가 성낼까 두려우니 분한 일을 들려주지 말고, 임산부가 무서워할까 두려우니 흉한 일을 들려주지 말고, 임산부가 걱정할까 두려우니 어려운 일을 들려주지 말고, 임산부가 놀랄까 두려우니 화급한 일을 들려주지 말라. 임산부가 화를 내면 아기가 자라 순환기 질환을 앓고 임산부가 무서워하면 아기가 자라 정신병을 앓고, 임산부가 근심걱정을 하면 아이가 자라기가 쇠약하고, 임산부가 놀라면 아기가 자라 간질병을 앓기 때문이다."

그렇습니다. 태교는 아기와 관련된 모든 사람들의 참여로 이루어져야 합니다. 어머니 한 사람이 바둥거

린다고 되는 것도 아니고, 아버지 혼자 애쓴다고 되는
것도 아닙니다. 부부의 마음만 맞는다고 되는 것도 아
닙니다. 시댁 식구들이 관심을 가지고 도와주어야 함
은 물론이고, 친정 식구들도 도움이 되어야 합니다. 온
가족이 참여하여 관심을 갖고, 모든 면에서 임산부를
배려하고 도와주어, 아기가 자라는 데 필요하고 안정
된 환경을 형성하도록 노력해야 합니다. 태교란 임산
부가 태아에게 좋은 영향을 주기 위하여 마음을 바르
게 하고 언행을 삼가하는 것을 일컫는 말입니다. 특별
히 아버지의 역할은 매우 중요합니다. 아버지는 주위
의 그 어떤 도움의 손길들 보다 이제 처음으로 어머니
가 되는 아내에게 가장 강력한 돕는 이가 됩니다. 역
할이 변한다고 신분을 혼동하지 마십시오. 여자라서
이런 일을 하는 것도 아니고, 엄마라서 저런 일을 하
는 것도 아닙니다.

　태교뿐만 아닙니다. 아버지의 돕는 자로서의 역할
은 어디에서든 중요합니다. 가정에서의 아버지는 권
위와 위엄의 자리에만 있는 것도 아니고 돕는 자의 역
할이 필요합니다. 아버지의 도움이 필요로 하는 가족

들의 요청에 아버지가 얼마나 그 자리를 채워줄 수 있
느냐에 따라 가정의 온전함과 건전한 가정을 이룰 수
있습니다.

7. 훌륭한 아버지가 되기 위한 훈련

아버지로서의 당신의 역할을 찬찬히 분석해 봄으로써 당신의 입장에서 가장 적합한 아버지 역할을 구별해 낼 수 있습니다. 훈련에 들어가기에 앞서 훈련의 세 가지 종류를 살펴보기로 하겠습니다.

1) 훌륭한 아버지가 되기 위한 훈련

예비 아버지들이나 초보 아버지들을 위한 훈련으로서 아버지로의 첫 걸음부터 성공적으로 해나갈 수 있도록 여러 가지 요령을 배우고, 또한 철학 학습을 통해 근본적인 이해를 돕기 위해 마련된 예비훈련입니다.

2) 아버지 기능을 향상시키기 위한 훈련

아버지의 역할을 가정의 상황에 따라 적절하고 지속적으로 변화, 발전시킬 수 있도록 도와주는 적용훈련입니다.

3) 아버지 기능을 개선시키기 위한 훈련

스스로 잘못된 길을 가고 있다고 느끼는 아버지들, 문제에 직면하거나 위기에 처해 있는 아버지들, 그리고 정도가 심각해서 전문가의 도움이 필요한 상태에 있는 아버지들을 위한 훈련입니다.

자녀를 행동 여하가 아닌 있는 그대로의 모습으로 인정해 주십시오.

자녀를 인정해 주라 함은 자녀의 모든 것 인격, 성격, 감정, 모두를 당신이 인정한다고 스스로 느끼게끔 만들어 주는 일을 하라는 것입니다. 만일 당신이 그 중 어느 것을 인정해 주지 않는다면, 자녀는 거부당한 느낌을 지닐 것입니다. 자녀를 가장 잘 아는 아버지가 자녀의 모든 것을 인정해 주어야 합니다.

부정적인 시각으로 자녀를 바라본다고 해봅시다. 자신을 가장 잘 아는 사람이 자신을 가장 거부한다고 합시다. 자신을 가장 잘 아는 사람이 자신을 가장 거부한다고 자녀가 느낀다면 얼마나 고통스럽겠습니까? 자녀들에게 상처 입히고 그들의 자기존중감과 자신감

을 망가뜨릴 수 있는 당신의 영향력을 결코 과소평가
하지 마십시오.

　자녀와 함께하는 시간을 가지라.

　아버지라는 권위를 지닌 당신이 자녀를 위해 시간
을 내어줄 때, 당신은 그 자녀의 마음에 자기 존중심
과 커다란 사랑의 느낌을 흘려보내는 것입니다. "만일
아빠가 나를 사랑한다면 나랑 함께 시간을 보내실 거
야."

　시간은 모든 아이들이 이해할 수 있는 사랑 언어입
니다(당신의 아내 역시 마찬가지입니다).

　당신의 자녀는 시간이 당신에게 얼마나 소중한 자
원인가를 알고 있습니다. 당신이 당신의 시간을 얼마
나 아끼고 보호하는지를 알고 있는 것입니다. 그렇게
소중한 시간을 자녀와 함께 보내줄 때, 자녀는 시간의
가치가 바뀌었음을 알게 됩니다. 당신의 자녀가 당신
의 시간 이상으로 소중하다고 자녀에게 말해 주십시
오.

많은 시간을 함께하라.

"양보다는 질이다."라는 말에 속지 마십시오. 많은 사람들이 "나는 아이들과 많은 시간을 보내지는 않는 대신 의미있게 시간을 보낸다고 자신한다."라고 말합니다. 이러한 논리는 자녀와의 즐거운 시간이 미리 계획되어질 수 없다는 점에서 모순이며 핑계입니다. 아이들의 배우는 능력이나 집중력은 당신의 시간계획표에 따라 정해질 수 없기 때문입니다.

남성들이여, 내가 그대에게 충고하노니, 자녀를 구원하십시오. 세상은 허영과 이득을 위해 자신의 가정을 팔아버릴 아버지들로 가득 차 있습니다.

자녀에 대한 사랑을 증명해 보아라.

당신의 자녀가 그 바보상자에서 애정을 짜내게 만들지 말라. 자녀는 아버지의 사랑을 지진계 진도눈금으로 측정합니다. 아버지만큼 자녀의 마음을 애정으로 진동시켜 줄 사람은 아무도 없습니다. 당신이 자녀에게 사랑을 표현해 줄 때, 자녀의 얼굴에 나타나는 환희의 표정을 보십시오.

자녀에게 당신 자신을 주라.

사랑의 표현이란 자신을 나누어줌을 의미합니다. 자녀에게 사랑은 참으로 묘한 것이어서 당신이 더 많이 줄수록 그는 점점 덜 필요해 하고, 적게 줄수록 그는 점점 더 많이 요구하며 그것을 얻기 위해 어떤 일도 서슴지 않습니다. 어떤 경우에도 부모는 자녀에게 애정을 아끼거나 억제해서는 안 됩니다. 자녀에게 있어서 부모의 애정은 생명과도 같은 것입니다.

자녀의 말에 귀 기울이라.

자녀의 말을 귀 기울여 들어주는 것도 사랑의 한 가지 형태입니다.

사랑의 도구로써 귀 기울여 준다는 것은 "나는 너를 사랑하며 너를 위해서 정성을 다해 귀 기울이겠다."는 것을 의미합니다. 귀 기울여 들어주는 것은 사랑의 표현입니다. 당신이 주의 깊게 들어줄 때 당신은 이렇게 말하는 것과 같습니다. "네가 너무도 소중하기 때문에 나는 지금 네게 귀 기울여 주는 것이 내가 할 수 있는 가장 중요한 일이라고 생각한다."라고.

자녀는 당신이 얼마만큼이나 그 자녀의 내면으로 들어오고자 하는 것으로 사랑의 깊이를 측정합니다. 자녀는 당신의 이야기나 선물, 장난감 따위를 원하는 것이 아닙니다. 바로 당신을 원합니다. 자녀는 당신이 매수하려고 내놓은 반짝이는 선물에 일시적으로는 기뻐하지만 곧 그러한 선물들이 헛된 것임을 깨닫게 되고 당신에 대한 갈증은 계속 쌓여갑니다.

자녀에게 말로 표현해 주라.

용감한 아버지는 애정을 말로 전달합니다. 자녀는 사랑이 직접적이고 쉽게 그리고 분명하게 표현되는 것을 들을 필요가 있기 때문입니다. 여기에 몇가지 말하는 요령을 일러주면 다음과 같습니다.

- "나는 너를 사랑해.", "나는 네가 만족스러워." 라고 신속히 말해주십시오. 그리고 될 수 있는 대로 그때마다 이유를 설명해 주십시오.

- 자녀를 계속적으로 칭찬해 주고 자랑스러워하십

시오. 단, 정신적, 감정적, 영적인 면에 초점을 맞추어 말해 주십시오. 그의 신체적 모습이나 아름다움을 자랑하는 것은 피하십시오. 당신은 그의 내적인 인간미를 강조해 주어야 합니다.

- 자녀가 없는 자리에서도 그에 대한 좋은 이야기를 하십시오. 그가 당신 말을 들을 수 있는 근처에 있을지도 모르고 아니면 나중에라도 듣게 될지 모른다는 것을 알아야 합니다.[1]

1) Simmons Dave, 김혜경 역, 〈가정의 상담자 아버지〉, pp. 35~49.
(서울 : 순출판사, 1994)

8. 가장 닮고 싶어하는 사람이 되라

과연 나도 자녀들로부터 가장 닮고 싶은 인물로 꼽힐 수 있을 것인가? 그 일이 이 세상에서 가장 힘들고 고달픈 일일지라도 도전해야 합니다. 설사 그 표준에 미치지 못한다 할지라도 우리 아버지, 어머니가 소원했던 아버지상이 될 수 있도록 말입니다.

1) 서로 사랑하는 모습을 남겨 주라.

자녀들이 가장 괴롭고 싫은 일은 아빠, 엄마가 서로 다투고 미워할 때라고 합니다. 그래서 그 내용을 구체적으로 적시합니다. "서로 핑계를 대고 책임을 미룰 때, 아빠가 엄마를 때릴 때, 엄마가 아빠를 비난할 때, 서로 싸우고 우리들 방에 와서 잘 때, 서로 말을 하지 않을 때" 등이었습니다.

그러나 아빠가 엄마와 사랑하는 모습을 볼 때는 하늘을 날 것같이 기분이 좋다고 했습니다. "엄마 대신 아빠가 집안일을 하실 때, 엄마의 생일이나 결혼기념일을 기억하고 선물을 하실 때, 아빠가 엄마한테 뽀뽀

하실 때, 아빠가 술 마시지 않고 일찍 들어오실 때, 엄마가 아빠와 다정하게 앉아서 이야기 나누실 때, 엄마가 아빠를 존경한다고 할 때, 엄마가 아빠의 어깨를 안마해 주실 때, 아빠가 엄마를 위해 기도해 주실 때, 엄마가 아프다고 할 때 아빠가 한밤중에 나가 약을 사 오셨을 때, 엄마가 외갓집 가자고 하면 아무 말 없이 따라주실 때에 아이들은 아빠가 엄마를 사랑한다고 느낍니다.

2) 웃고 사는 방법을 보여주라.

아이들은 말합니다. "아빠가 짜증을 부릴 때가 제일 싫어요. 엄마가 신경질을 부릴 때는 마귀 같아요. 화만 안 냈으면 좋겠어요. 그럴 때는 우리 집이 지옥 같아요." 그리고 말합니다. "웃고 살았음 좋겠어요. 엄마의 미소를 볼 때가 제일 행복해요. 아빠가 환하게 웃는 모습을 보면 자신감이 생겨요." 아이들이 원하는 것은 바로 웃음입니다.

3) 더 많이 안아 주라.

"아빠한테 야단맞을 때가 제일 두려워요. 어렸을 때 아빠가 나를 안아줬다고 하는데 기억이 없어요. 학교 운동회 때 아빠 손을 잡고 달리는데 얼마나 어색했는지 몰라요." 아이들의 정서지수는 아빠 품에 얼마나 자주 안겼느냐가 결정짓는다고 합니다.

기회가 닿는 대로가 아니라 기회를 찾아 아이들을 더 많이 끌어안아주십시오. 그들을 끌어안고 생명의 호흡을 나누십시오. 험악한 세상을 살아가면서도 춥지 않도록 그들의 가슴을 데워 주십시오.

4) 마음이 건강한 사람이 되게 하라.

행복은 외적인 조건에 따라 결정되는 것이 아닙니다. 행복은 마음가짐에 달려있습니다. 내가 무엇을 소유하고 있느냐, 내가 누구냐, 내가 어디에 살고 있느냐, '내가 무슨 일을 하고 있느냐'에 따라 행복과 불행이 결정되는 것이 아닙니다. 그것은 내가 어떻게 생각하느냐에 달려 있다는 것이 데일 카네기의 생각입니다.

5) 하나님을 의지하는 사람들이 되도록 도와주라.

해럴드 쿠슈너는 이런 말을 합니다. 자기 자신에게만 의존하는 사람과 하나님에게 도움을 청할 줄 아는 사람의 다른 점은 무엇입니까? 한 사람은 나쁜 일을 하고 다른 사람은 좋은 일을 한다는 얘기가 아닙니다. 자신만을 믿는 무신론자도 훌륭하고 고결한 사람일 수 있습니다. 차이점은 무신론자는 사막에서 자라는 덤불 같다는 데 있습니다. 자기에게만 의존하는 사람은 자기 내부 역량이 소진되고 나면 말라 시들어 버릴 위험이 있습니다. 그러나 하나님에게 의존하는 사람은 시냇가에 심은 나무와 같습니다. 그런 사람들이 사는 세계는 초월적인 원천으로부터 부족한 것을 보충받기 때문에 결코 마르는 법이 없습니다. 자녀들로 하여금 결코 자신만을 의지하는 어리석은 사람이 되게 하지 마십시오. 하나님이 그들의 삶에 안내자가 되고, 하나님이 그들과 동행하는 삶을 가르쳐 주십시오.[2]

---

2) 송길원, 〈행복한 가정에는 아버지의 향기가 있다〉, pp. 21~27.
  (서울 : 요단, 1999)

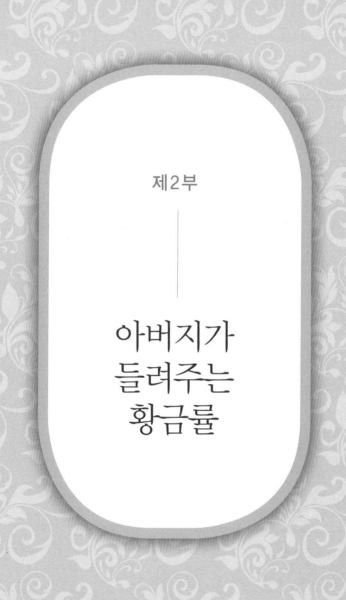

제2부

아버지가
들려주는
황금률

1. 시간의 주인이 되어라

일반적으로 구두쇠가 부자가 되는 이유는 남보다 수입이 많기 때문이 아니라 열심히 저축하고 아껴쓰기 때문입니다. 그런 이치가 맞는다면 시간을 아껴쓰는 사람이야말로 누구보다도 자신의 삶을 소중하게 영위한다고 할 수 있습니다.

사람의 한평생이란 알고 보면 참으로 짧습니다. 그럼에도 불구하고 사람들은 자신의 시간을 아낄 줄 모릅니다. 다른 것이라면 목숨을 내놓을 것처럼 수선을 떠는 사람들도 가장 중요한 자산인 시간에 대해서만큼은 아무런 계획표를 만들지 않는 다는 것입니다.

일찍이 이런 부조리를 간파했던 로마의 철학자 세네카는 "시간에 대해 욕심이 많은 것은 미덕이다."라고 말했습니다. 곧 시간을 아끼지 못하는 게으름은 악덕이라는 말입니다.

인간이 가진 성질 중에 소리 없이 영혼을 파멸시키는 것이 있다면 바로 이 게으름입니다. 그것은 인간 본인의 건전한 성질을 무디게 만들고 정신에 새로운 기름을 부을 수 있는 통로를 막습니다.

게으른 사람들은 일상적인 일을 하면서 어떤 특정한 분야에 도전하지 못합니다. 왜냐하면 시간이 없기 때문입니다. 어리석게도 그들은 시간을 자신들이 만들어 가는 것이라는 착각 속에 빠져 있습니다.

그런 까닭에 게으름뱅이들은 자고 싶은 만큼 잠자고 한나절을 쓸데없는 잡담으로 허송합니다. 그들은 아무리 중요한 일이 있더라도 사소한 재미가 눈에 띄면 그것을 과감히 포기해버리곤 합니다.

이러고도 그들은 아무런 반성도 하지 않습니다. 자신이 왜, 어떻게 살아가야 하는지에 대하여 생각조차 하지 않습니다. 결국 그들의 인생은 "○○년 태어나 ○○년 죽다."라는 부질없는 묘비명으로나 남을 것입니다.

부지런한 사람들은 필요한 시간을 모으는 방법을 잘 알고 있습니다. 그들은 남들이 잠든 새벽에 일어나고, 휴식 시간의 호흡을 줄이면서 추구하는 목표에 몰입합니다. 물론 그런 과정에서도 그들은 결코 자신의 심신을 학대하지 않습니다. 건전한 상태에서 최선의 결과가 나온다는 것을 잘 알고 있기 때문입니다. 그러므로 이들 열심당원들은 남들보다 꽉 짜여진 시간 속에서도 나름대로의 다양한 여가를 향유합니다. 공무원이면서 소설을 쓰는 사람, 음반을 발표한 운동선수, 또 봉사활동을 하는 봉사자 등, 시간의 주인들은 우리 주위에 참으로 많습니다.

그렇듯 한 사람이 다방면으로 활약할 수 있는 방법의 핵심은 당사자가 시간을 얼마나 절도 있게 사용하느냐에 달려 있습니다. 그 방법이 궁금하다면 서점에 가면 됩니다. 최근에는 시분할, 초분할 등을 주제로 한 여러 책들이 이런 시도에 많은 조언을 주고 있습니다. 이미 모든 것이 복합적이고 다원화된 우리 시대에서는 시간을 현명하게 사용하는 방법조차 그렇게 배워야만 하는 세상이 되어 버렸습니다.

시간의 주인이 되는 최선의 방법은 성실입니다. 자신의 일에 책임감을 갖고 빈틈없이 처리하는 습관을 들인다면, 의외로 여유가 생기게 됩니다. 그 틈새시간에 평소 흥미를 느끼던 무엇인가에 즐거운 마음으로 도전할 수 있는 것입니다.

반대로 나태하여 일의 마무리가 늦게 되면 아무리 유능한 사람이라도 여유가 있을 리 만무합니다. 일이 지겨운 사람은 쉬는 시간도 지겹기는 마찬가지여서 그의 하루는 짜증으로 마무리될 것임에 틀림없습니다.

　여유란 상자에 물건을 넣는 것처럼 차근차근 정리해나가는 데서 나옵니다. 무슨 일이든지 명확하게 처리해 놓으면 그 일에 재차 시간을 낭비하는 일이 없게 되고 자연스럽게 자신에 대한 주변의 평가에도 플러스 요인으로 작용하게 됩니다.

　물론 이런 습관을 몸에 익히려면 처음에 적잖은 고통이 따르게 됩니다. 하지만 자신의 미래를 위해서 그런 작은 고통쯤은 감수해야 하지 않을까요?

　작고 정밀한 기계가 제대로 작동하려면 그 안에 있는 톱니바퀴의 톱니가 부드럽게 잘 맞물려 돌아가야 합니다. 그런데 거기에는 품질이 좋은 윤활유가 반드시 필요합니다. 우리들의 삶도 마찬가지다. 주어진 시간을 가치 있게 만들기 위해서는 정밀한 계획과 실천, 그것을 즐거운 습관이 되도록 하는 인내가 필요한 것

입니다.

　많은 사람들은 지나고 난 뒤에 의미없이 버려졌던 숱한 시간들을 그리워합니다. 앞으로도 많은 사람들이 또한 그렇게 후회하며 무대 저편으로 사라져버릴 것입니다.

　역설적이지만 「베니스의 상인」에 나오는 유태인 상인 샤일록과 같이 우리들의 시간에 비싼값을 매기도록 합시다. 그런 만큼 우리들은 시간의 부자, 인생의 부자가 될 것입니다.

2. 너 자신을 사랑하라

어깨를 편다는 것은 곧 자신감의 발로입니다. 그렇다면 자신감이란 무엇일까요? 그것은 자신의 생각과 판단을 믿고 당당하게 행동하는 마음입니다.

사람은 누구나 외부에 대한 본능적인 두려움을 가지고 있습니다. 그것은 타인들이 선의의 대상이 아니며, 세상은 위험투성이라는 인식이 깔려 있기 때문입니다. 이런 인식을 바꾸지 않는다면 편안한 삶을 살아가기란 참으로 어려운 일일 수밖에 없습니다.

겁이 많은 사람에게는 허깨비가 보이고, 험상궂은 눈빛이 보이고, 돌부리가 먼저 보입니다. 하지만 당당한 사람은 불상의 미소가 보이고, 고운 조약돌이 보이며, 작은 생채기에서 나오는 붉은 피를 보고도 아, 내가 살아있는 존재구나 하는 희열을 느끼게 마련입니다.

이런 사람에게는 인생의 성패가 그리 중요하지 않습니다. 살아있다는 느낌만으로, 도전하고 선택할 수 있다는 것만으로도 인생은 참으로 만족스러운 것이기 때문입니다. 그들은 가족과 친구, 학교, 직장, 취미 등이 얼마나 자신을 행복하게 만들어주는지에 대하여 감사할 줄 아는 사람들입니다.

삶은 승자가 되었다고 해서 모든 것을 소유하고, 패자가 되었다고 해서 모든 것을 빼앗기는 삭막한 공간이 결코 아닙니다. 그러므로 전부 아니면 전무라는 흑백논리는 인생에 적용될 수 없는 것입니다.

마음의 자존을 꿋꿋하게 가지고 있는 사람은 꼴찌일지라도 행복할 것입니다. 삶에서 빛나는 것은 등수가 아니라 열정이기 때문입니다. 세상에는 피카소처럼 생전에 이름을 날린 사람들도 있지만 사후에 위대한 인물로 평가받는 경우가 더욱 많습니다. 작가 카프카가 그러했고, 세익스피어가 그러했으며, 우리나라에서는 이순신 장군, 화가 이중섭, 시인 김소월이나 윤동주가 다 그러한 인물들입니다.

현실에 연연해하지 않고 자신에게 정성을 쏟는 사람, 자신을 사랑하고 믿으며 끊임없이 새로워지려는 노력을 하는 사람, 좋은 친구와 함께 앞으로 달려가는 사람, 그들만이 자신을 자랑스럽게 증명해 보일 수 있다는 뜻입니다. 이에 대한 토머스 칼라일의 말에 귀를 기울여봅시다.

"만일 네가 나에게 존경하는 사람을 보여준다면, 나는 너에게 자신이 어떤 종류의 사람인가를 보여줄 것이다. 왜냐하면 그것은 네가 인류에 대한 스스로의 이상을 나에게 보여주는 것이기 때문이다. 다시 말해서, 그것은 네가 앞으로 어떤 종류의 사람이 되기를 원하는지 나에게 보여주는 것이다."

3. 친구는 인생의 동반자다

사람에게는 어릴적부터 알았던 소꿉친구, 학창시절에 함께 공부했던 친구, 또 사회에 나와 일을 하면서 만났거나 지적인 교류를 통하여 알게 된 친구 등 여러 부류의 친구들이 있게 마련입니다.

그런데 이런 친구들 가운데 마음을 나눌 수 있는 소중한 친구를 꼽으라고 하면 막상 몇 명 되지 않습니다. 그것은 대부분이 어떤 주변의 정황 때문에 알게 된 친구들인 까닭입니다.

진정한 친구는 그런 만남의 상황과는 관계가 없는 존재입니다. 그는 단지 상대를 통하여 뭔가를 배운다고 생각하며 또 자신의 사랑을 아낌없이 전해주는 존재입니다. 그러므로 단지 심심한 시간을 함께 보내기 위해 만나는 친구는 친구라고 할 수 없습니다.

대화를 할 때 자기 이야기만 하는 사람은 친구로서 자격미달입니다. 그런 부류는 겉으로는 미소를 지어 보이지만 내심으로는 상대에 대해서 아무런 관심이 없습니다.

친구란 서로 발전하는 관계라야 합니다. 서로 좋은 부분을 칭찬하고 미흡한 부분은 고쳐나가도록 충고해 줌으로써 인생을 아름답게 가꾸어 가는 관계만이 진정한 친구라 부를 수 있는 것입니다. 그러므로 결코 친구를 자기 과신을 위한 수단으로 삼아서는 안 됩니다.

옛말에 "가난할 때 사귄 친구는 잊지 못하고 젊은 날 함께 고생한 아내는 버리지 못한다."하는 말이 있습니다. 가난할 때 사귄 친구는 그만큼 순수하게 서로의 마음을 이해해주기 때문에 오래 기억된다는 뜻입니다. 즉 욕심없이 서로의 장래에 대하여 고뇌하고 눈물을 뿌리던 참된 우정을 잊어서는 안 된다는 역사의 교훈인 것입니다.

좋은 친구를 만나다 보면 자연스럽게 서로의 습관이나 성격, 사고방식, 말투 등에 익숙해지고 닮아가게 됩니다. 마치 남편과 아내가 오랫동안 함께 살면서 분위기가 비슷해지는 것처럼 말입니다. 장점이 많고 단점이 적은 친구를 사귀라고 권하는 이유가 여기에 있습니다.

어떤 사람은 친구란 명색뿐이지 아무런 의미가 없다고 주장하기도 합니다. 그 반대로 친구만이 인생의 유일한 가치라고 주장하는 사람도 있습니다. 하지만 이런 단정들은 너무나 위험한 것입니다.

　우리 주위에는 가족과 친지, 스승, 사업상의 동반자 등 여러 부류의 사람들이 있습니다. 그들 모두가 나름의 의미를 가지고 함께 어우러져 사는 것입니다. 그 중에 친구도 있을 수 있고 경쟁자도 있을 수 있습니다. 하지만 이들을 친구냐 아니냐의 이분법으로 갈라 놓을 수는 없는 일입니다. 무엇보다도 지혜와 분별로써 자신의 신분을 지켜내는 것이 가장 중요한 일입니다.

　남에게 소개하기 껄끄러운 사람이라면 결코 친구라고 할 수 없습니다. 친구끼리는 서로 존경하는 마음이 있어야만 합니다. 만나면 재미있다는 것, 즐겁다는 것과 우정은 다릅니다. 상대가 어떤 상황에 있더라도 당당하게 소개할 수 있어야만 두 사람은 우정을 나누고 있다고 말할 수 있는 것입니다.

　그러므로 친구는 마음 한켠에서 그를 앎으로써 기

뽐과 존경의 마음을 가지는 존재여야 합니다. 그러므로 자신보다 나아 보이는 친구의 행복을 순수하게 기뻐하지 못한다면 참다운 친구일 수가 없습니다. 여기 친구에 관한 아름다운 결론에 귀를 기울여봅시다.

"부드러운 말은 친구를 배로 늘리고, 정다운 말투는 친근감을 배로 늘린다. 많은 사람과 사이좋게 지내라. 그러나 의논 상대는 그중의 한 사람이면 충분하다."

친구를 원한다면 먼저 그의 인간 됨됨이를 알아야만 합니다. 성급하게 과대평가하지 마십시오. 왜냐하면 자신에게 유리할 때만 친구가 되고 당신이 곤궁한 처지에 있을 때는 떠나가 버리는 인간도 있기 때문입니다.

당신의 적에게 접근하지 마십시라. 그리고 당신의 친구를 조심히 대하십시오. 충실한 친구는 강력한 자기편이며, 이런 친구를 가진 사람은 보물을 갖고 있는 것과 마찬가지입니다.

충실한 친구는 인생의 묘약입니다. 그러므로 옛 친구를 버려서는 안 됩니다. 왜냐하면 새 친구로서 옛 친구를 능가하는 사람이 없기 때문입니다. 새 친구는 만든지 얼마 되지 않은 포도주와 같아서 성숙하기를 기다려야만 합니다.

돌을 던져 새들을 위협하여 쫓아내는 것처럼 친구를 엄하게 탓하는 사람은 우정도 파괴할 것입니다. 탓하면 친구는 자존심이 상하여 비밀을 폭로하고 배반하며 당신의 곁을 떠날 것입니다.

4. 네 힘으로 걸어가라

인간은 태어나자마자 제 힘으로 걷는 동물들과는 달리 요람에 누워서 구원의 손길을 기다려야만 하는 불완전한 존재입니다. 그렇듯 우리 모두는 삶의 초입을 타인에게 의존하면서 세상에 나왔습니다.

오랜 옛날부터 그래왔지만, 요즘에도 산파나 산부인과 의사의 도움이 없었다면 많은 인간들이 주어진 생명의 시간을 다 채우지 못하고 태어나자마자 흙으로 돌아가는 신세가 되었을 것입니다. 이처럼 우리의 삶은 의존으로부터 시작되었습니다.

그런 의존은 우리가 성장하기까지 일정기간 계속됩니다. 갓난아이 때는 어머니가 돌봐주지 않으면 아무것도 할 수 없듯이, 학교에서도 선생님의 가르침이 없으면 지식을 머릿속에 담을 수가 없습니다. 사회생활에서도 선배들의 지도 없이는 나침반을 잃어버린 바이킹처럼 안개 속에서 허둥대게 마련입니다.

이런 초보적인 삶의 굴레에서 벗어나는 것은 대개 20대 초반의 나이일 것입니다. 그때는 몸과 마음이 성숙할 뿐더러 자신이 쌓아온 지식과 경험을 조화롭게 발휘하여 독립적인 사회생활을 해나갈 수 있게 됩니다. 그런데 그때까지도 어린 시절의 의존적 성향을 벗지 못하고 타인의 손길을 기다리는 사람들이 종종 있습니다. 대체 그들의 문제는 무엇일까요?

성숙한 인간이라면 혼자 걸으며 혼자 의식주를 마련하고 세상을 자신의 뜻대로 살아가는 용기가 필수적입니다. 그런데 그들에게는 이런 자립의 용기가 없습니다. 어떤 미묘한 이유로 인하여 그들은 홀로 서는 에너지의 결핍상태에 놓여 있게 된 것입니다.

이렇듯 자립하지 못하는 인간은 아직도 어미가 만들어 놓은 둥지에서 입을 벌리고 모이를 기다리는 새끼 새와 다를 바가 없습니다. 아마 푸른 창공을 훨훨 날고 싶지 않은 새는 없을 것입니다. 그들의 날개는 펼쳐지지 못하고, 그런 상태에서 둥지 밖의 세계는 막연한 두려움의 공간일 뿐입니다. 언제까지 그런 공포의 늪에 잠겨 있어야 합니까.

의존이란 사람의 성장과정 중에 나타나는 자연스런 현상입니다. 하지만 거기에 집착하여 자신을 뒤쳐진 존재로 만들어서는 곤란합니다.

안전한 둥지에 머물러 있는 동안, 끊임없이 근육을 단련하고 정신을 단련시켜 세상에 뛰어들기 위한 최선의 몸매를 만들어야 합니다. 그리하여 어떤 새들보다 멀리 날아갈 수 있는 자세를 갖추어야 하는 것입니다.

누군가에게 의존하기 전에 '이 정도의 일쯤은 나도 할 수 있다.' 라는 생각을 가져야 합니다. 타인들이 벽에 못을 박을 때, 스스로도 못과 망치를 들어 보아야 합니. 그러다가 손가락을 찧을는지도 모릅니다. 그러나 그 작은 상처의 대가는 큰 것입니다. 자신은 평생동안 손가락을 찧지 않을 중요한 기술을 하나 습득하게 된 것이다.

어떤 일이든 마찬가지입니다. 그렇게 차근차근 평범한 삶의 기본기를 익혀가노라면 보다 새롭게 창조적인 길로 나아갈 수 있게 됩니다.

그런 방법으로 수학을 익히고 물리를 익힌 사람들이 눈에 보이지 않는 돌멩이에서 원자력을 발견하였고, 인간의 손목에서 규칙적으로 뛰는 맥박에 흥미를 느낀 사람들이 작은 인체에서 신이 감추어둔 수많은 비밀기호를 찾아냈습니다.

살아가면서 자신의 능력을 키울 생각은 하지 않고 막연하게 어떤 행운이 불현듯 찾아오기를 기다리는 사람들이 있습니다.

그런 사람들은 한마디로 바보들입니다. 자신의 힘으로 화장실조차 가지 못하는 인간이 아무리 엄청난 부를 가졌다 한들 무슨 소용이 있겠습니까. 그들은 쾌락이나 낭만조차도 배워야만 제대로 느낄 수 있다는 점을 모르는 존재들입니다.

나도 한때는 그들처럼 행운을 기다린 적이 있었습니다. 그렇지만 얼마 지나지 않아 행운이란 결코 기다림을 찾아오지 않는다는 진리를 깨달았습니다. 그것은 인간의 땀을 찾아옵니다. 무릇 사람들이 말하는 행운이나 기적이란 각고의 노력을 전제로 하는 것이었습니다.

하지만 세상에는 행운이나 기적이 분명히 있습니다. 그것은 인간으로 태어난 우리 자신들입니다. 눈을 뜨고 살펴보십시오. 세상에 나와 같은 존재는 하나도

없습니다. 나와 똑같은 꿈을 꾸는 존재 역시 하나도 없습니다.

이처럼 우리는 저마다 소중한 의미를 지닌 존재입니다. 좀 과격하게 표현한다면 이렇습니다.

"내가 없다면 세계도 없습니다. 나의 눈에 비친 세계만이 나의 의식이다. 세계는 나의 인형이다. 그러므로 나의 꽃을 가꾸는 것은 행복한 나의 몫이며 재산이다. 스스로의 힘만으로도 아름다운 인격을 닦고 원하는 부를 쌓아나가기에 충분한 공간인 것이다."

그러나 인생은 혼자 걷는 것이 아닙니다. 이런 특별한 사람들 모두가 함께 걸어갑니다. 하지만 여기에 확연한 무엇인가가 있습니다. 그것은 앞서가는 이들과 뒤쫓아 가는 이들입니다. 그 차이는 무엇일까, 곧 자신이 준비한 튼튼한 다리와 지구력, 긴 호흡입니다.

올림픽 금메달리스트들의 결실은 하루아침에 이루어진 것이 아닙니다. 코치들의 열성적인 지도와 체계적인 훈련, 개인의 장점과 단점을 감안하여 개발한 독특한 기술, 어떤 위기에서도 흔들이지 않는 마음가짐 등이 하나로 어우러졌을 때 비로소 선수는 고독한 자신만의 무대에서 찬란히 빛날 수 있게 됩니다. 그렇게 최후에 혼자 서는 모습은 참으로 아름답습니다. 그것은 아름다운 독립입니다.

그런 승리는 수많은 과정 속에서도 온전한 자신의

몫이 됩니다. 왜냐하면 최종적인 순간에 이루어진 판단에 대한 결과와 책임이 자신에게 있었기 때문입니다.

그렇듯 우리는 중대한 결정의 시기에서 스스로의 판단을 후회하지 않는 사람이 되어야만 합니다. 그 결과가 성공이든 실패이든 간에 현명한 사람은 그런 과정 속에서 자신의 영역을 넓혀가는 것입니다. 여기 아프리카의 성자 슈바이처 박사의 따뜻한 목소리를 들어 보십시오.

"우리에게 있어 가장 근본적인 것은 우리 자신속에 빛을 가지려고 노력하는 것이다. 그러면 남들은 우리의 노력을 인정하게 될 것이다. 만일 사람들이 그들 자신속에 빛을 가진다면 그것은 그들로부터 비쳐나올 것이다. 그러면 우리는 서로의 얼굴을 주먹으로 때리거나, 서로의 마음을 괴롭히지 않고 암흑 속을 어떻게 걸어다녀야 할지를 알게 될 것이다."

5. 네 정신을 바쁘게 하라

사람에게 있어서 게으름만큼 치명적인 약점은 없습니다. 또 그것처럼 몸에 붙기 쉽고 떼어내기 힘든 약점도 드뭅니다. 그런 면에서 "나쁜 사람은 한 명의 악마에서 시달리고, 게으른 사람은 백 명의 악마에게 시달린다." 라든지 "인간은 악마의 유혹을 받지만 게으름뱅이는 스스로 악마를 유혹한다."라는 스페인의 속담은 참으로 의미심장합니다.

흔히 게으름이란 일이 없는 데서 나온다고 생각합니다. 물론 무사안일, 무위도식이야말로 인간이 누릴 수 있는 최고의 행복이라고 생각하는 사람들도 있겠지만 해야 할 일이 없는 것처럼 한심한 경우는 드뭅니다.

사람은 일 속에서 보람을 느끼고 더욱 자신에게 정진할 수 있는 법입니다. 책임감이나 의무감, 게다가 희망까지도 없는 삶이라면 차라리 죽는게 나을 것입니다. 그래서 게으름은 타고나는 것이 아니라 어쩌면 환경적인 문제가 아닐까 하는 생각이 들기도 하는 것입니다.

어찌 사람이 저절로 나태해질 수 있겠습니까, 배가 고프면 먹이를 찾고, 심심하면 놀이를 찾는 것이 인간의 본성입니다. 그러므로 억지로라도 자신을 바쁜 환경 속에 부대끼도록 자극하는 것은 지고의 선이라는 생각이 듭니다. 사람에게 일이 없다면 어떻게 될까, 그 극단적인 경우를 말해주는 대화가 있습니다.

16세기 중엽 스페인의 장군이었던 스피노 후작은 당시 친분이 있던 영국의 호러스 비어 경에게 이렇게 물었습니다.

"당신 형님이 돌아가셨다면서요. 참 안타까운 일입니다. 그런데 사망 원인이 대체 무엇입니까?"

그러자 호러스 비어 경이 대답했습니다.

"예, 그건 형님께서 할 일이 없었기 때문입니다."

그러자 스피노 후작은 고개를 끄덕이며 말했습니다.

"아, 그래요. 우리 같은 군인들에게는 그게 무엇보다도 치명적이지요."

어찌 군인들만이 그렇겠습니까. 그건 세상을 사는

모든 사람들에게 관련된 이야기입니다. 사람에게 일이 없다면 육체와 마음이 피폐해져서 비극적인 결과를 가져오게 됩니다. 이런 치명적인 상황을 맞지 않기 위해서는 날마다 열심히 자신의 일을 찾는 버릇을 길러야만 하는 것입니다.

그렇다고 해서 게으름이 악(惡)이란 편견에 사로잡혀 있어서는 곤란합니다. 거기에는 복잡다단한 인간 삶의 단면들이 담겨 있는 경우가 많기 때문입니다.

서양 속담에는 "게으름뱅이는 인도 사람과 같다."라는 말이 있습니다. 그렇다면 인도 사람들은 모두 게으름뱅이일까, 결코 그렇지 않습니다. 그들은 나름의 신앙과 생업을 조화시키며 인도란 땅에 어울리는 삶을 살아가고 있는 것입니다.

이 속담에 담겨 있는 명시는 무자비한 정복과 약탈을 일삼던 과거 서구인들의 편협한 시각의 단면일 뿐입니다. 인도의 격언에는 실제로 이런 말이 있기는 합니다.

"달리는 것보다는 걷는 것이 좋고, 걷기보다는 서 있는 것이 좋으며, 서 있는 것보다는 앉아 있는 것이 좋고, 앉아 있는 것보다는 누워 있는 것이 좋다."

하지만 이것은 그들의 희망일 뿐입니다. 실제로 누워 있으면서 행복해 하는 인도인들을 나는 본적이 없습니다. 그들은 끼니를 거르지 않기 위해 끊임없이 일하고 또 일합니다.

어쩌면 이런 격언은 카스트 제도의 악습으로 말미암아 고단하고 서글픈 나날을 보내야 했던 하층민들이 꿈꾸는 유토피아일 것이라는 생각이 듭니다. 이와 같은 생채기를 게으름으로 치부해서는 안 됩니다. 한 걸음 뒤로 물러서서 인도를 보면 그들의 위대함에 고개가 숙여질 정도입니다.

그 거대한 땅 덩어리에서 배태된 종교와 경전들, 현대에는 핵무기까지 만들어낼 정도의 뛰어난 과학기술, 그리고 인간 삶 자체를 사랑하는 그들의 철학이야말로 부지런한 정신노동의 결과물들인 것입니다. 그러므로 그들의 진정한 격언은 여기에 따로 있습니다.

"하루에 세 시간씩 열심히 걸어가라. 칠 년이면 지구를 한 바퀴 도는 셈이 된다."

그렇습니다. 인도인들은 끊임없이 도전하고 끈기

있게 목표를 향해 걸어가는 사람들입니다. 하지만 오늘날 많은 사람들이 아직도 서구인들이 인도를 보는 것과 같은 일방적인 시각에 사로잡혀 있습니다. 그들은 구태의연한 흑백논리에 사로잡혀 하나의 결론을 내면 그 나머지는 아무 생각 없이 쓰레기통에 던져 버립니다.

일하는 것이 육체만이라고 생각하는 사람들은 정신의 가치를 모욕하기 일쑤입니다. 사색하는 시인을 게으른 몽상가로 몰아붙이고, 자신의 열정을 표현하기 위해 몸부림치는 화가의 기행을 할 일 없이 떠도는 미치광이로 몰아붙이는 것입니다.

인간은 다양한 모습을 가진 존재입니다. 씨를 뿌리는 손이 있는가 하면 그 손을 바라보며 눈물을 흘리는 마음이 있습니다. 그것을 여러 사람들에게 전파하며 행복해 하는 가슴도 있습니다. 그 모든 것들이 인간과 사회 전체를 조합하는 아름다운 모자이크 조각임을 깨닫도록 합시다.

6. 무슨 일이든 최선을 다하라

프랑스의 오래된 귀족 집안에서 있었던 일입니다. 당시에 귀족 집안에서는 포도주를 직접 담가서 지하실에 저장해 놓고 필요할 때 꺼내 쓰곤 했습니다. 그런데 술을 담글 때면 매번 양조 전문가를 고용해서 많은 급료를 주어야만 했습니다. 마침 돈에 쪼들리던 때였는지 그 집 주인이 피에르란 하인을 은밀히 불러 말했습니다.

"피에르, 네가 저 양조 전문가의 기술을 익히면 우리 집안의 양조 담당자로 임명하겠다. 어때, 할 수 있겠니?"

"예, 알겠습니다."

피에르는 뛸 듯이 기뻐했습니다. 온갖 허드렛일을 해야 하는 하인보다도 양조 담당자가 훨씬 나으니까 말입니다. 그런 기회는 정말 흔치 않은 기회였습니다.

당시 그는 하인의 신분이라 학교에도 가지 못하고, 어렸을 때부터 힘든 일만 해온 그야말로 무지렁이라 할 수 있었습니다. 하지만 피에르는 성실한 사람이었습니다. 그는 자신의 삶이 좀 더 나아질 수 있는 기회를 놓치고 싶지 않았습니다. 그때부터 피에르는 모든 고나심을 오로지 양조 기술을 배우는 데만 집중했습니다. 그가 하도 뒤를 졸졸 쫓아다니며 시시콜콜 물어보자 영문을 모르는 양조 전문가는 화를 냈습니다.

"이 미련하고 어리석은 놈아, 네 할 일이나 할 것이지 왜 이렇게 귀찮게 따라다니는 거야?"

그는 화가 치민 나머지 피에르에게 술병을 집어 던지기까지 하였습니다. 하지만 피에르는 이런 모욕을 당하면서도 꾹 참고 견디어냈습니다.

이런 광경을 지켜본 주인은 어떻게 그렇게 참을 수 있느냐고 그에게 물었습니다. 그러자 피에르는 아무렇지도 않은 표정으로 이렇게 대답했습니다.

"그런 모욕은 몇천 번 받아도 상관없어요. 제가 그 사람처럼 양조 기술자가 될 수만 있다면 말이에요."

이렇게 해서 몇 달이 지나자 마침내 피에르는 그 양조 전문가와 똑같은 포도주를 만들어낼 수 있게 되었습니다. 그리고 몇 년 뒤에는 여기저기에서 초청을 받는 유명한 양조 전문가로 이름을 날리게 되었습니다.

이 이야기에서 느낄 수 있듯이 사람은 어떤 분야에 재능을 타고날 수도 있지만, 열정이나 호기심만으로도 남보다 더 잘 배우고 익힐 수 있습니다.

물론 모든 것을 전수받기에 불가능한 특정분야도 분명 존재합니다. 그것은 기능 외적인 요소 때문입니다. 가령 천부적인 미각이나 심미안 같은 것입니다. 하지만 좀 자신이 부족하더라도 전문가들이 존재하기에 우리는 목표에 대한 치열한 자극을 받을 수 있을 것입니다.

이런 과정은 인생을 살아가는 부분에도 응용될 수 있습니다. 악한 것을 보면 그것의 부당성을 배우고, 나은 것을 보면 자신의 부족한 점을 반성하는 계기로 삼아야 하는 것처럼 말입니다.

우리가 알게 되는 최초의 지식이란 협소하고 단편적이기 마련입니다. 하지만 그것은 전문적인 세계로 나아가기 위한 기초 과정입니다. 그 기초 위에 자신만의 탑을 쌓아가야 하는 것입니다.

나는 고교시절까지 친구들과 함께 같은 과목을 공부했고 같은 선생님으로부터 배웠습니다. 하지만 졸

업 후에는 제각기 다른 직종에서 일하고 있습니다. 기초는 함께 다졌으되, 각자의 관심 분야는 실로 다양했던 것입니다.

삶이란 이렇듯 다양한 인간의 성정이 어우러지는 과정입니다. 우리가 기차를 탔을 때 기관사의 마음과 손님의 마음은 서로 다르지만 같은 길을 가고, 그로써 어떤 과정을 공유하는 것처럼 말입니다.

훈련받지 않은 허튼 지식만으로 누군가를 가르치기란 힘듭니다. 하지만 삶에는 훈련이 필요 없습니다. 그것은 두뇌의 문제가 아니라 사랑과 관용의 문제인 까닭입니다. 우리에게 무엇보다 중요한 것은 상대를 바라보는 따스한 눈길입니다.

7. 있는 그대로를 사랑하라

당신이 울려주지 않으면
종소리는 아무 의미도 없습니다.
당신이 노래하지 않으면
그 노래는 노래가 아닙니다.
사랑은 당신의 가슴속에
묻어두는 것이 아닙니다.
당신이 주지 않으면
사랑도 사랑이 아닙니다.

여배우 메리 마틴이 극작가인 오스카 패머스타인의
뮤지컬 무대에 올랐을 때 받은 헌시의 일절입니다. 사
람은 이렇듯 누구나 뜨겁고 감동적인 사랑을 가슴속
에 품고 있습니다. 그런데 그토록 깊은 사랑을 고백할
기회가 와도 거절의 두려움 때문에 망설이는 사람들
이 있습니다.

누군가를 사랑한다면 상대에게 사랑한다고 솔직하
게 고백해야만 합니다. 사랑이란 느낌보다 표현이 더

욱 중요한 것입니다. 그것은 받는 것이 아니라 주는 것입니다. 부모의 자식에 대한 사랑도 그렇고 아내와 남편, 연인들 사이의 사랑도 모두 마찬가지입니다.

욕망이나 기대감, 의지하는 마음으로 사랑해서는 안 됩니다. 또한 그것을 쟁취하려고 해서도 안 됩니다. 그런 사람의 마음은 언제나 배고픈 아귀와도 같습니다.

그들은 단지 값비싼 타인의 물건을 탐내는 사람처럼, 사랑도 그렇게 즐기는 것이라고 생각하는 사람들입니다. 그런 관계는 궂은비가 내리면 금방 녹슬고 맙니다.

사랑이란 언제나 자신으로부터 출발해야 합니다. 자신에 대한 믿음과 사랑이 전제되지 않는다면 타인을 사랑할 자격이 없습니다. 젊은날 불쑥불쑥 치솟는 고독이나 열정으로 말미암아 가볍게 누군가에게 다가서는 사람은 그 방황의 두께만 더하게 될 뿐입니다.

외모나 성격, 배경 때문에 상대를 선택하지 마십시오. 그 순간 우리들의 삶에는 어두운 커튼이 드리워지게 됩니다. 사랑은 사람과 사람의 관계이지, 사람과 다른 무엇의 관계는 결코 아니기 때문입니다.

종종 사랑만 있다면 어떤 난관도 헤쳐 나갈 수 있다고 단언하는 사람들이 있습니다. 일견 맞는 말입니다. 하지만 그것은 두 사람의 평등하고 신뢰하는 관계, 서로 존경하고 함께 성장하는 관계일 때만이 가능합니다.

두 사람의 배경이나 현실이 평등하지 않으면 한쪽은 살을 빼야 하고 또 한쪽은 그만큼 살을 불려야만 합니다. 우리들의 삶이 사랑뿐이라면 그런 과정은 그렇게 문제가 되지 않을는지도 모릅니다. 하지만 사람은 자신의 지식과 능력에 따라 이루고자 하는 소망을 가지고 있습니다. 그런데 단지 두 사람의 키를 나란히 하기 위해 일정 기간을 낭비해야 한다면 그처럼 미련한 짓은 없다는 생각이 듭니다.

이런 사랑은 대개 상대에게 주는 것보다는 버리도록 강요하는 경우가 많습니다. 그로 인하여 어느 한쪽은 부모형제, 종교, 친구, 습관, 취미 등 그때까지 소중하게 지니고 가꾸어온 것들을 갈아엎어야만 하는 것입니다. 그리하여 그들은 사랑이란 이름으로 점점 외로워집니다. 왜 그래야만 하는 것입니까?

사랑은 모순이 아닙니다. 사랑이란 있는 그대로의 존재에 대한 호감이고, 함께하고자 하는 욕구입니다. 그러므로 어떤 사람들은 사랑을 위해서는 상대에 맞게 자신을 변화시켜야 한다고 말하기까지 합니다. 만일 그 말이 옳다면 변화하기 전의 자신이 사랑했던 그 사람은 어디에 있는 것일까요. 자신도 모르게 끓어오르던 열정의 근원을 바꾸는 것이 어떻게 참된 사랑이란 말입니까.

그 결과 한때 밤을 새우며 그리워하던 그 매혹적인 관계는 온데간데없이 사라지고 백화점 쇼윈도에 놓여 있는 마네킹처럼 무표정한 한 남자와 여자가 한 공간에 머물게 됩니다. 두 사람은 단지 자신의 첫 느낌을 증거하기 위해 긴 세월 동안 옛날을 회상하며 살아가는 것이다. 어찌 이런 모습을 사랑이라고 말할 수 있겠습니까.

좁은 정원에 커다란 은행나무와 같은 노간주나무가 함께 자라게 되면 어떻게 될까요?

본능적으로 두 나무는 한정된 땅 속의 영양분을 독

점하려고 다투기 시작합니다. 또 햇볕을 받아들이기 위해 경쟁적으로 잎사귀를 펼칩니다. 그러나 작은 나무는 큰 나무를 이길 수 없습니다. 그리하여 노간주나무는 비쩍 마르다가 결국에는 죽고 말 것입니다. 그러므로 작은 나무는 작은 나무끼리, 큰 나무는 좀 더 넓은 영역에서 큰 나무들과 함께 성장하는 것이 마땅한 법입니다.

어쩌면 사랑이란 한해살이풀과 같은 속성을 지녔는지도 모르겠다. 그 풀들은 같은 땅에서 나란히 자라나 꽃을 피우고 열매를 맺은 다음 그 땅에 씨앗을 흩뿌리고 흙으로 다시 돌아가는 것입니다.

그들은 경쟁하지 않습니다. 하나의 족속으로 바람에 함께 흔들리고 같은 빗물을 받아 마시며 성장합니다. 그들은 질투하지 않고 애써 닮으려고도 하지 않습니다. 하지만 그들은 외면적으로나 내면적으로 똑같은 운명을 공유하는 한해살이풀일 것입니다.

이렇듯 소유하지 않는 사랑은 아름답습니다. 그들에게는 단지 인생을 함께 존중하며 살아가는 동류의식이 있을 뿐입니다. 그들은 자기 이상의 크기를 넘보지 않습니다. 오로지 더 많은 씨를 뿌리고 더 많은 꽃을 피우기 위해 존재할 뿐입니다.

무릇 부자는 가난해지고 불꽃은 시들게 마련입니다. 하지만 그들은 결코 시들지 않습니다.

보십시오, 모든 생명 있는 것들의 아름다움이 거기에서 빛나지 않습니까.

사랑은 결코 가두어지지 않는 마음입니다. 사랑은 같은 말을 반복하는 앵무새가 아닙니다. 산속에서 아름답게 지저귀는 새를 사랑하고 보호한다는 구실로 조롱에 가두지 마십시오. 우리가 만일 조롱 속에 갇힌다면 즐겁게 노래 부를 수 있겠는가, 사랑도 마찬가지입니다.

만나는 사랑이 있다면 떠나는 사랑도 있습니다. 이루어지는 사랑이 있다면 이루어질 수 없는 사랑도 있는 것입니다. 그 참뜻을 생각해 본다면 사랑에 대하여 우리가 왜 자유로워야 하는지를 깨달을 수 있습니다. 그러므로 세상에 존재하는 많은 러브 스토리는 대부분 거짓말입니다.

그것들은 죄다 이루지 못한 꿈의 이야기입니다. 어

떻게 왕자가 거지 소녀를 사랑할 수 있으며, 어떻게 로미오와 줄리엣이 사랑에 빠질 수 있단 말입니까. 그들이 마침내 다다른 곳은 싸늘한 묘지였습니다. 그들의 찬란한 젊음은 채 피지도 못하고 저물어 버렸습니다. 그 분위기는 감미로웠으되 결과는 고통스런 비극이었습니다.

그토록 재빨리 삶 저편의 기약 없는 어둠 속으로 저물어 버리는 모습을 사랑이라 찬미할 수 있을까요, 순간의 열락은 결코 사랑이 아닙니다. 사랑이란 긴 동반이어야 합니다.

상대에 비하여 자신의 깊이가 부족하다고 느껴지면 그 깊이를 채운 다음에 다가서야 할 것입니다. 만일 상대편이 자신보다 부족하다면 채워지기를 기다리도록 하십시오. 두 사람이 같은 시선으로 한 곳을 바라볼 수 없다면 함께 나눌 수 있는 것도 없습니다.

나는 카톨릭 신도인 남자가 한 여자 때문에 불교로 개종하여 결혼한 뒤 주변 사람들에게 고통을 안겨주는 경우를 본적이 있습니다. 그들의 사랑은 왜 축복받지 못했는가, 바로 자신들의 세계를 버렸기 때문입니다. 본질을 바꾸려 했기 때문이다.

  사랑은 운명이 아닙니다. 그것은 인간의 본능이며 자신에 대한 믿음입니다. 그러므로 있는 그대로를 사랑해야만 하는 것입니다.

8. 네 마음을 열어 두어라

우리들은 책을 읽을 때 종종 다음의 내용을 미리 짐작해 볼 때가 있습니다. 그런데 어떤때는 그것이 족집게처럼 들어맞기도 하지만 예상과는 전혀 다른 내용 전개가 대부분입니다.

이런 경우 어떤 사람들은 처음 가졌던 기분에 휘말려 자신의 기대를 저버린 책의 가치를 평가절하하는 오류를 저지르기도 합니다.

그것은 대체 무슨 이유 때문일까요? 바로 편견이라고 불리는 마음의 악마가 그 주범입니다. 편견은 깊은 무의식의 계곡에 숨어서 우리들의 판단이 이기적인 방향으로 나아가도록 자욱한 연막탄을 터뜨리고 있는 것입니다. 그것은 너무나도 영리해서 충분한 시간을 재촉하기도 하고, 사물을 비뚤어지게 보도록 유도하곤 합니다.

어떤 편견의 영역은 참으로 광범위합니다. 예를 들면 시장에서 물건을 고를때 똑같은 물건인데도 이쪽 상점의 품질이 더 좋아 보인다든지, 저쪽 식당의 음식

재료가 지저분해 보인다든지, 특정 회사의 제품은 왠지 허술한 듯한 느낌을 받는다든지 하는 현상이 다 그것입니다.

누군가와 대면할 때도 마찬가지다. 실제로 우리들은 얼굴이 험상궂으니까 나쁜 사람일 것만 같은 생각, 값비싼 옷을 입고 있으면 부자일 거라는 생각, 책을 들고 다니면 공부를 열심히 하는 학생일 거라는 편견에 감염되어 있다.

누구든지 이와 같은 편견에 사로잡히게 되면 좀처럼 거기에서 벗어나기 힘듭니다. 그리하여 그 증상이 심해지면 지속적으로 엉뚱한 고집만을 늘어놓는 왜곡된 인간이 되고 마는 것입니다.

공정하게 사물을 바라보고 판단하는 것은 인간으로서 매우 중요한 삶의 덕목입니다. 하지만 처음부터 그렇게 되기란 불가능합니다. 누구나 자기 자신을 평균 이상으로 과대평가하는 버릇이 있으니까 말입니다.

그러므로 우리는 적대 관계에 있는 사람의 비판을 감당하기는 힘들다 할지라도 의도적으로 귀를 기울여 듣는 습관을 길러야만 합니다. 그들은 적어도 우리 자신이 의식하지 못하는 결점을 날카롭게 지적해주기 때문입니다.

칭찬도 마찬가지입니다. 우리는 살아가면서 작은 실패와 성공을 반복합니다. 또 능력 이상의 성과를 올릴 때도 있습니다. 그럴 때면 분명 수많은 참새들의 입방아에 오르게 되고, 그 중에는 듣기에 거북한 칭찬이 다가오게 됩니다.

그런 허튼 소리에 몰입되면 자연스럽게 교만한 마음이 고개를 들게 된다.

그러므로 어떤 상황에서라도 한걸음 뒤로 물러서서 예의주시하는 습관을 가져야겠습니다. 주의깊게 판단해야 할 일일수록 편견이 끼어드는 경우가 많기 때문입니다.

9. 남의 허물을 들추지 말라

이집트에는 이크누몬이라는 작은 동물이 있습니다. 이 동물은 나일 강변에서 악어의 알을 찾아내는 데 선수입니다. 그런데 이크누몬은 악어알을 깨기만 할뿐 먹지는 않습니다.

이 목적 없는 행위 덕분에 이집트는 나라 안이 악어로 가득차게 될 위험에서 벗어났습니다. 왜냐하면 이집트인들은 악어를 신처럼 공경하여 절대로 죽이지 않았기 때문입니다.

남을 비방하는 사람은 어쩌면 자신이 저 이크누몬처럼 공평무사하고 인류를 위해 은혜를 주고 있다고 생각할는지 모르겠습니다. 하지만 그렇게 해서 자신을 속일 수는 있어도 남을 속이지는 못합니다.

이와 같은 면에서 상대에 대한 공개적인 비방은 자신의 인격에 상처를 줄뿐만 아니라 함께 있는 사람들에게 편견을 심어줍니다. 사람들은 대개 남의 잘된 면보다는 잘못된 면에 재미를 느끼기 때문입니다.

때때로 우리는 주위 사람들을 즐겁게 해주려고 무

의식중에 남의 험담을 할 때가 있습니다. 그러므로 대화할 때 정신을 바짝 차리지 않으면 자신도 모르게 넋나간 비방꾼이 될는지도 모릅니다.

또 한가지 강조하고 싶은 것은 공개석상에서는 누군가를 지목하여 칭찬하지 말라는 것입니다. 그것은 일종의 아부로 비춰질 뿐만 아니라, 당사자가 진정으로 칭찬을 받을 만한 사람이라면 거꾸로 그의 품격을 깎아내리는 것입니다.

만일 누군가의 선한 면을 칭찬하고 싶다면 순수한 존경의 마음으로 그의 말에 귀를 기울이는 모습만으로도 충분합니다. 존경하는 마음처럼 진정한 찬사는 드뭅니다. 그런 진지한 경청 자세가 상대방의 품위를 올려주게 됩니다.

또한 유머나 위트로 좌중을 휘어잡고 싶다는 욕심을 가져서는 안 됩니다. 자칫하면 가벼운 인물로 취급될 수 있을 뿐더러 어떤 면에서는 매우 계산적인 사람으로 치부될 위험이 있기 때문입니다.

유머나 위트란 곧 지성의 반영입니다. 그것들은 많은 독서와 다양한 경험으로 자연스럽게 몸에서 배어 나오는 것입니다. 의식적으로 자신의 재치를 보이고자 하는 사람은 금방 그 본색이 탄로가 나게 마련입니다. 나는 언젠가 그런 부류를 통렬하게 비판한 어떤 작가의 글을 읽어본 적이 있습니다.

"그는 인생의 전반을 공부하지 않고 허영만으로 살아왔다. 그는 교양을 과시하기 위해 개인교수를 고용하여 라틴어나 희랍어를 배웠으며, 재미있는 이야기를 잔뜩 만들어내어 사람들에게 떠벌렸다. 한데 언제나 그런 이야기만 하므로 마침내 사람들이 알아챘다. 그래서 사람들은 저 인간의 가치는 다만 기억력이 좋은 것뿐이라고 조롱하였다."

누구라도 자신의 무지를 드러내고 싶은 사람은 없을 것입니다. 하지만 억지로 지혜로울 수는 없는 노릇입니다. 알지 못한다면 터득해야 합니다. 지식은 훔칠 수 있는 것이 아니기 때문입니다. 그것은 책상 앞에 오래 앉아있는 사람만이 구할 수 있는 유일한 보물일 것입니다.

10. 명품은 오랜 시간에 걸쳐 완성된다

현대는 스피드가 미덕으로 인정받는 추세인 것 같습니다. 무슨 일을 하면 얼마나 정확하게 일을 처리했는가 보다는 얼마나 빨리 해냈느냐를 가지고 경쟁을 하는 것입니다.

이것은 대단히 위험한 징조입니다. 100m 달리기 선수도 아닌데 속성으로 해서 잘되는 일이 대체 무엇이 있겠습니까. 사람들은 분명 설익은 것을 따 창고에서 약품으로 단기간에 익힌 사과보다는 나무에 매달려 오랫동안 햇볕을 받으며 붉게 익은 사과를 좋아합니다. 본래 성정은 그러할진대, 왜 그렇게 짧은 시간을 참아내지 못하는 것일까요.

한 가지 이유를 말한다면 명품은 오랜시간에 걸쳐 장인의 열정과 혼이 깃들었을 때 완성된다는 점입니다. 그러므로 우리는 주어진 일이 가치 있고 완전하게 완성될 때까지는 참고 기다리는 습관을 길러야 합니다.

　내가 아는 어떤 시인은 하룻밤에 수십 편의 시를 쓸
정도로 대단한 감각을 가진 사람이었습니다. 하지만
그가 정작 작품을 발표한 시기는 훨씬 뒷날이었습니
다. 그는 처음 시를 쓸 때, 떠오르는 감흥에 의해 생각
나는대로 휘둘러 쓰곤 하였습니다. 그렇게 탄생한 작
품들을 그는 결코 자랑하지 않았습니다. 오랜시간 동
안 다듬어 만족할 만큼의 수준에 이르렀을 때에야 비
로소 세상에 내보였던 것입니다. 그렇지 않았다면 그
의 작품들은 부끄러운 낙서에 불과했을는지도 모릅니
다.

오늘날 명품으로 인정받는 몇몇 도자기들도 마찬가지입니다. 그것은 처음에는 단지 흙이었을 뿐입니다. 이것이 장인의 손에 의해 오래도록 반죽되고 정성으로 빚어져 뜨거운 불에 단련됨으로써 비로소 참다운 가치를 지니게 된 것입니다. 그것은 찰나라도 장인의 눈길을 벗어나면 흔하디 흔한 보통의 그릇이 될 뿐입니다.

이렇듯 완성과 미완의 차이는 인내와 마무리에 있다.

누군들 빠른 것을 좋아하지 않겠습니까, 하지만 참다운 아름다움은 오랜시간이 걸려야 완성되고, 그것은 계속 가꾸어내야만 유지될 수 있음을 잊지 말아야겠습니다.

11. 정직은 커다란 재산이다

영국의 신학자인 스미스는 저서인 「기지와 분별」에서 "가난이란 불명예는 아니지만 불편하다."라고 말했습니다. 또 로마의 풍자시인 유베날리스는 "호주머니 속이 텅빈 여행가는 도적의 얼굴 앞에서도 콧노래를 부를 것이다."라고 노래했습니다.

곧 사람에게 있어서 돈이 얼마나 여유와 안정을 주는가를 상징적으로 대변하는 말이 아닐 수 없습니다. 하지만 있어도 걱정, 없어도 걱정인 것이 돈입니다.

돈 때문에 가정과 친구를 잃은 사람이 있는가 하면 진정한 애정과 우정을 얻은 사람들도 있습니다. 이것은 어떻게 벌었는가, 그리고 어떻게 쓰느냐에 달려 있는 것 같습니다.

우리 속담에 "개처럼 벌어 정승처럼 쓴다."라는 말이 있지만 이것은 잘못되어도 한참 잘못된 말입니다. 어찌 개처럼 궂은일을 해서 번 소중한 돈을 정승처럼 빼기면서 함부로 쓸 수 있을까요.

그보다는 "정직하게 벌어 정직하게 써라." 하는 말

이 참으로 세태에 맞는 것 같습니다. 요즘같은 각박한 세상살이에서 정직하게 벌고 쓰기가 참으로 힘든 까닭입니다. 때문에 우리가 살아가는데 돈의 필요와 가치를 느끼게 된다면 다음의 몇가지를 조심해야 하겠습니다.

첫째, 친한 사이일수록 돈거래를 하지 말라.

실제로 돈 때문에 친한 관계가 서먹해지는 경우를 우리들은 많이 봅니다. 물론 이 말은 친구의 불행을 눈감고 모르는 척하라는 뜻이 아닙니다. 친구와의 돈거래는 특히 신중을 기하라는 뜻입니다.

둘째, 번 돈의 일부는 자신을 위해 써도 좋다.

인간이 살아가는데 유흥이나 레저가 빠진다면 참으로 맥빠진 삶이라고 하지 않을 수 없겠습니다. 그러나 양념을 사기 위해 고기살 돈을 다 써버린다면 분명 미련한 것입니다. 그러므로 땀흘려 번 돈의 일부는 자신을 위해 재투자하는 습관을 기르라는 말입니다. 재산이란 강물처럼 흘러가는 것이어서 시간이 지나면 눈에 보이지 않게 됩니다.

셋째, 돈을 벌지 못한다고 해서 서두르지 말라.

누구에게나 때가 있는 법입니다. 우리 주변에는 일확천금의 꿈을 꾸는 사람은 많지만 실제로 손에 쥔 사람은 극소수에 불과합니다. 높이 뛰기 위해서는 한껏 몸을 움츠려야 합니다.

넷째, 남의 부를 부러워하지 말라.

무릇 헛된 경쟁심 때문에 불끈하여 가진 돈을 하루에 다 써버린다면 빈곤한 모욕의 한 달을 맞게 됩니다. 바둑에서도 "남의 손따라 두면 반드시 진다."라는 말이 있지 않습니까. 쫀쫀하다는 말을 들을지언정 흥청망청한다는 말을 들어서는 안 됩니다.

다섯째, 행복한 거지가 되어도 좋다고 생각하라.

평생 김밥집을 하면서 모은 재산을 대학에 기부한 할머니, 20년 동안 매년 몇백만원씩을 장학금으로 기부하고, 일을 할 수 없는 말년에 이르자 살고있던 집까지 팔아 그 돈을 마련하면서 환하게 웃는 의인들의 이야기들은 분명 전설이 아닙니다. 그들이야말로 행복한 거지들이 아니겠습니까.

여섯째, 그렇지만 꿈을 포기할 만큼 가난뱅이가 되어서는 곤란하다.

자본이 없는 꿈은 버겁기 짝이 없습니다. 기회가 있을 때 열심히 벌어야 합니다. 그것으로 자신의 꿈에 기름을 부으십시오.

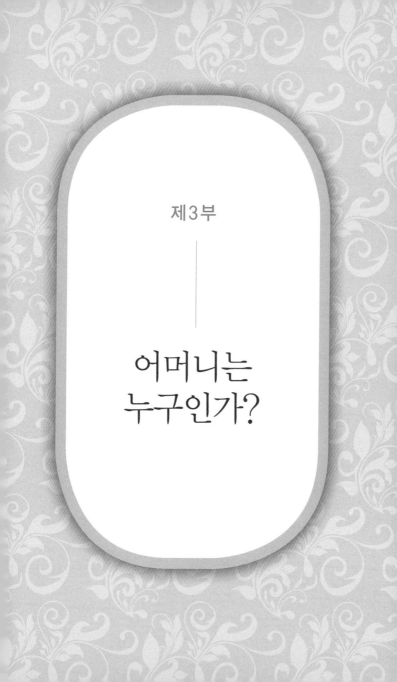

제3부

어머니는
누구인가?

1. 어머니의 자리

삼가 어머니 앞에 머리를 숙여라. 어머니는 모세를 낳았고, …예수를 낳았다. 지칠 줄 모르고 우리들을 위해 연이어 위대한 인물을 이 세상에 낳아주신 어머니에게 머리를 숙여라. 위대한 인물은 모두가 어머니의 자식이며, 그 어머니의 젖을 먹고 자라났다. 세계가 자랑거리로 삼는 것을 낳은 것은 모두 어머니인 것이다.(고리끼)

인간은 누구나 다 어머니로부터 생명을 이어받았으며, 어머니의 손을 거쳐서 양육되고, 어머니의 사랑과 훈육으로 인생의 길을 걸어가는 것입니다. 하나님의 아들인 예수님도 어머니의 태를 빌어 잉태되었고, 어머니 품에서 자랐습니다. 그분도 인간으로 태어난 이상 어머니의 양육과 사랑이 필요했다고 봅니다. "건강한 어머니에게서 건강한 자녀가 태어난다."는 말이 있습니다. 그렇다면 인간의 행, 불행, 국가의 흥망성쇠도 어쩌면 어머니에게 달려 있다고 볼 수 있습니다.

토트티아매르는 "나라는 어머니의 태중에서 만들어진다. 그리고 개인도 그와 같이 만들어진다."고 했습니다. 나폴레옹도 "나의 마음과 뜻, 나의 부지런함, 그리고 나의 가치는 모두 내 어머니의 교육으로 얻어진 것이다."라고 했습니다. 그는 또 "어머니를 내게 보이라, 내가 그 국가의 흥망을 알리라 …시대는 무엇보다도 먼저 '어머니'를 요구하고 있다."고 말했습니다. 스즈끼 텐스께는 "미련한 어머니를 가진 나라는 망하고, 지혜로운 어머니를 가진 나라는 흥한다."고 말했습니다.

2. 어머니의 영향

　자녀들의 성공과 영화의 공로는 어머니들에게 돌려져야 할 것입니다. 대부분의 위인들은 한결같이 "내가 나 된 것은 어머니 때문이다."라고 외쳤습니다. 그러므로 자녀가 받은 영광은 그 어머니도 함께 받아야 할 것입니다.

　미국의 27대 대통령 가필드의 취임식 날이었습니다. 귀빈들은 정면 특별석에 자리잡고 앉아서 새로운 대통령의 참석을 기다리고 있었습니다. 그런데 가필드는 한 노파를 부축하며 식장에 들어섰습니다. 그는 대통령 자리에 할머니를 앉게 한 후, 연단으로 나와 취임연설을 했습니다. 이때 동행한 할머니는 다름 아닌 대통령의 어머니였습니다. 그의 어머니는 노쇠해서 이 자리에 나오려 하지 않았으나 가필드가 "어머니가 참석하지 않으시면 저도 식장에 안 나가겠습니다."라고 고집을 피우는 바람에 부득불 참석하게 된 것이었습니다. 이 사실을 안 사람들은 어머니를 붙들고 퇴장하는 대통령의 효심에 감격하여 열렬한 박수를 보냈다고 합니다.

헬라의 유명한 알렉산더 대왕이 피사에 가서 고관과 귀족들을 모두 초대하여 큰 연회를 베풀 때였습니다. 대왕은 그 연회장에 나 갈때 군복을 벗어버리고 어머니가 고향에서 친히 지어주신 옷을 입었다고 합니다. 어머니의 정성과 사랑으로 만들어진 옷은 어떤 옷보다도 귀중한 것입니다. 이처럼 어머니의 사랑과 감화의 영향은 평생 계속되는 것입니다.

인간의 마음속에 아름답고 사랑스러운 추억을 길이 남겨주는 사람이 어머니외에 또 누가 있겠습니까! 기쁠 때나 슬플 때나 가슴속에 그 인자한 모습을 그리고 영구히 같이 살고 싶은 분이 바로 어머니인 것입니다.

미국의 해군대장 데이비스와 한 수병 사이에 있었던 유명한 이야기입니다. 어떤 수병이 실수로 그만 자기의 웃옷을 빠뜨렸습니다. 그런데 그때 마침 적군이 나타났기 때문에 집합명령이 떨어졌습니다. 그런데 그 수병은 상관의 명령에도 불구하고 옷을 건지기 위해 바다로 뛰어들었습니다.

그 결과 법정에서 금고형을 선고받게 되었을 때 그

수병은 "제 어머니의 사진이 주머니에 들어있어서 그것을 건지려고 명령을 어겼습니다." 라고 말했습니다. 이 말을 전해 들은 대장 데이비스는 자기의 생명을 던져서라도 어머니의 사진을 건지려 한 청년을 벌할 수 없다며 그 수병을 방면했다고 합니다.

괴테는 "어린아이를 품은 어머니처럼 아름다운 것이 없고, 많은 자녀들에게 둘러싸인 어머니처럼 경애를 느끼게 하는 것이 없다."고 했습니다.

진실로 그러합니다. 자애로운 눈빛으로 품에 안은 아이를 지켜보는 어머니, 사랑하는 자녀들에게 둘러싸인 인자한 어머니의 그림처럼 아름답고 숭고한 느낌을 주는 것은 없을 것입니다.

셰익스피어는 "여성은 약하나 어머니는 강하다." 라고 했으며, 칸트는 "내가 읽은 책 중에 최대의 책은 어머니다."라고 말했습니다.

어머니는 만인에게 영원한 향수를 느끼게 하는 마음의 고향이요, 영육의 피곤을 풀어주는 안식처요 피난처입니다. 칠거지악이 존재했던 여성 하위 시대에도 남녀평등을 부르짖는 현대에도 어머니의 본질만은 한결 같습니다.

3. 훌륭한 전통 어머니 상

우리 한국의 전통적인 어머니들을 생각해 봅시다. 그분들은 남존여비의 사상 속에서 시부모님을 정성껏 섬겨야 했고, 바깥출입이 잦은 남편을 대신해 사시사철 집안을 지키며 살림을 꾸려야 했으며, 자녀들을 위해서는 온갖 희생을 감수해야 했습니다.

아기를 낳아서 자기 손으로 탯줄을 자르고 하루도 편안히 쉬지 못하고 일을 했던 어머니, 배고픔을 참고 밤늦게까지 베를 짜고, 새벽에 일어나서는 물레질을 했던 어머니, 벼를 방아에 찧고 나무를 때서 밥을 지어야 했고, 샘에 가서 물을 길러 오고, 강가에서 빨래를 하고, 봄여름에는 온종일 뙤약볕 아래서 김을 매고, 또한 길쌈을 해서 식구들의 옷을 손수 지어야 했습니다. 이 모든 고난을 감당할 수 있었던 힘은 바로 어머니 속에 감춰진 사랑의 힘이었습니다.

당신은 굶으면서도 자식들을 굶기지 않으려고 안간힘을 썼고, 앓는 아들을 들쳐 업고 몇십 리 길을 달려 의원을 찾고, 자식들의 교육을 위해서라면 온갖 고생과 서러움을 다 겪으면서도 내색하지 않고 훌륭하게 자식을 길러낸 어머니들이 있었기 때문에 현재 우리들이 있는 것 아닙니까?

이들은 많은 자녀들의 성화와 가난 속에서도 꿋꿋하게 살아왔습니다. 축첩을 비롯하여 방탕한 남편을 끝까지 참고 기다렸습니다. 억압과 횡포를 일삼던 시어머니에게도 한결같이 순종하면서 살아왔습니다. 이들은 온갖 비분을 견디면서 진실된 효심과 정절 그리고 모성애로 일관해왔던 것입니다. 이들이 바로 우리의 어머니, 할머니들이었다는 것을 기억하고 감사하며 그 정신을 이어받아야 할 것입니다. 이들이야말로 수호신과 같이 우리나라 사람들의 삶을 지켜왔고, 도덕적, 정신적인 지주의 역할을 해온 것입니다. 우리 민족의 고통스러운 역사 속에서도 자랑스러운 것이 있다면 바로 이러한 어머니들이 아니겠습니까? 우리의 어머니들은 경제성장이나 물질문명 같은 표면적인 것들의 이면에 숨어서 이 땅을 비옥하게 가꾸어준 거름의 역할을 해준 분들이었습니다. 이들이 우리의 정신문화를 계승하고 승화시키고 우리의 도덕을 유지시켜 왔다고 보아야 합니다. 역사의 혼란 속에서도 정성껏 가정을 지켜왔고, 온갖 멸시와 고난 가운데서도 끝까지 인정과 희생의 미덕으로 자녀들을 용감하게 길러 낸 어머니들의 공로가 큰 것입니다.

우리사회가 전통적으로 남존여비사상을 주장하면서도 어머니에게 효도할 것을 권장한 것은 그런 어머니들에 대한 속죄로서의 보은이었을 것입니다. 아무리 여성을 낮춰보는 사람일지라도 자신의 어머니만은 경멸하지 않습니다. 왜냐하면 어머니의 자애는 세속적 윤리로서는 다룰 수 없는 차원 높은 인간미이기 때문입니다.

고구려 왕조는 아버지가 빠져버린 모자상을 섬겼고, 신라는 바위에 새긴 모자상을 모자신으로 삼았다는 이야기도 있습니다. 조선시대에도 어머니만은 가장 존경을 받고 확고히 보장된 위치를 차지하고 있었습니다. 신라시대에도 많은 효자 효녀가 배출되었는데, 효의 대상은 대부분 어머니였습니다. 삼국사기에 보면 어머니를 때린 불효자가 벼락을 맞아 죽었다는 기록이 있습니다. 여성의 섭정이 허락되지 않았던 옛 사회에서도 왕의 어머니에게만은 섭정이 허락되었으며 태후로서의 예우를 받았습니다.

4. 어머니는 마음의 고향

"어머니!" 하면 가슴이 뭉클해지고 눈물이 솟아나려고 합니다.

'어머니'란 말처럼 인간에게 깊은 감명을 주는 말, 또 부르고 싶은 말은 없을 것입니다. 세상에 태어나 입에서 처음 나오는 말도 '엄마'라는 말이고, 넘어졌을 때 무심코 나오는 말도 '엄마'라는 말입니다. 외로울 때, 아플 때, 슬플 때, 어머니가 절실히 그리워지며 세상이 다 나를 버린다 해도 어머니만은 나를 버리지 않을 것입니다. 어머니를 그리는 눈물은 마음의 고향을 그리는 향수의 눈물이며, 사랑의 감로수를 그리는 가장 순수한 눈물입니다. 세속에 시달린 마음을 어루만져 주고 감싸주는 어머니가 그토록 그립기 때문입니다.

G. A. 클락도 말했습니다. "어느 나라, 어느 민족에게 있어서나 '어머니'라는 말은 모든 말 중에 가장 정답고, 반갑고, 거룩한 말이다. 사람들은 그 아버지와 하나님을 배반하고 모든 죄중에 빠질지라도 어머니는

잊어버리지 아니하며, 그의 어머니의 권면이나 기도로 인하여 회개하는 일이 많다. 노소를 무론하고 고향을 떠나 멀리 타향에 가서 타락에 빠져 있다가도 어머니를 생각하고서 회심하는 자가 적지 않다."

교황 요한(요하네서) 23세가 임종하기 전에 남이 알아들을 수 있도록 한 마지막 말은 '나의 어머니'라는 말이었다고 합니다.

어머니라는 존재는 무조건적이고, 거의 절대적입니다. 이 지상에서 하나님을 가장 많이 닮은 존재가 있다면 그것은 어머니입니다. 하나님의 희생적이고 절대적이고 참다운 사랑을 찾으려면 순수한 모성으로 돌아가야 합니다.

오늘의 내가 있음은 하나같이 어머니의 은혜가 아닐 수 없습니다. 어머니의 헌신과 희생은 세상 어느 것과도 비길 수 없고, 그 높으신 은덕은 아무리 찬양해도 모자랄 것입니다.

인간의 어린 생명은 전적으로 어머니에게 달려 있습니다. 세상 권세와 지위를 자랑하는 뭇남성들도 다이 어머니의 손을 거쳐서 인간이 된 것입니다. 그래서 나폴레옹도 "아들의 운명은 어머니가 결정짓는다."고 했던 것입니다. 그러므로 여성을 최고의 차원으로 이끌어주는 것이 모성애이고, 이 모성애가 여성을 미화시키고 순화시키고 정화시켜 주는 것입니다. '어머니'란 바로 사랑의 화신이요, 총화라고 할 수 있습니다. 이 지고지순한 사랑의 소재를 누가 부인할 수 있겠습니까! 그 사랑의 샘은 태고적부터 맥맥이 흘러내리고 있고, 이 땅을 순화시키고 있습니다.

어머니가 되는 것은 인간에게 있어 최고의 영광이요 보람입니다. 이 세상에서 어머니같이 존귀한 존재는 다시 없을 것입니다. 그 어떤 사랑도 어머니의 사랑과는 비길 수 없고, 그 어떤 높은 지위도 어머니의 지위만큼 높은 것은 없으며, 어머니를 대신할 사람은 아무도 없습니다. 어머니는 백전백승의 장군도 호령할 수 있고, 천하를 다스리는 황제라도 그 앞에 무릎을 꿇게할 수 있습니다.

그러나 지상의 어머니들의 의식구조 속에 이 같은 하나님의 절대존재와 절대사랑이 깊숙이 새겨져 있는지, 또한 숭고한 어머니의 권한과 임무를 올바르게 사

용하고 있는지 깊이 반성해 보아야 합니다. 자칫 잘못
하면 아름다워야 할 어머니 상이 변질되고, 타락한 모
성애가 되기 쉬운 때문입니다. 외출이 잦은 어머니, 대
문 앞에 서서 어머니를 기다리는 가련한 어린 자녀들
을 잊고 하루종일 돌아다니는 어머니, 심지어 자식을
버리거나 살해하는 어머니, 탈선하여 가출하는 어머
니, 허영심, 명예욕, 혹은 지나친 교육열 때문에 자녀
들을 희생시키는 어머니, 그리고 과잉보호, 과잉기대
로 인해서 자식들을 그릇되게 만드는 어머니들을 종
종 볼 수 있습니다. 이러한 시대에 훌륭한 어머니가
되는 것은 그리 쉽지 않습니다.

5. 위인들의 어머니

위인들이 그들의 어머니에 대해 평가하거나 찬양하는 것을 들어보면 어머니의 영향이 얼마나 큰가를 짐작할 수 있고, 그들의 어떠한 자질과 특성이 자녀들에게 깊은 감명을 주었나를 알 수 있습니다.

대부분의 찬사는 "내가 나 된 것은 어머니 때문이다."라는 것입니다. 위인들은 자신들이 그렇게 된 공로를 모두 어머니들에게 돌리고 있는 것입니다.

동양의 위인들은 자서전이나 그들의 어머니에 대한 기록을 거의 남기지 않아서 그들을 길러낸 어머니들에 대한 면모를 찾아보기가 어렵습니다.

그 가운데서도 이율곡의 〈어머님 행장〉, 김만중의 〈윤씨 행장〉이라는 책은 과거 우리네 어머니들에 대한 모습을 생생하게 보여줍니다. 이들은 모두 어머니들을 극구 칭송했습니다.

덕성과 지성과 지혜를 갖춘 어머니들에 대해서 구체적으로 기록했습니다.

위인들의 말을 직접 들어봅시다.

"하나님이여, 제가 당신의 아들이라면 그것은 저에게 그러한 어머니를 주셨기 때문입니다."(어거스틴)

"내가 나 된 것은 내 어머니 때문이다."(웨슬리)

"나의 어머니는 나의 마음속에 신의 최초의 싹을 심어주고 가꾸어준 분이시다."(칸트)

"나의 과거도, 현재도, 그리고 미래도, 나의 운명은 모두 어머니로부터 물려받은 것입니다."(워싱턴)

"어머니는 완전히 자신을 희생하여 우리 세 남매를 길러주셨다."(페스탈로치)

"자식의 운명은 어머니가 만든다."(나폴레옹)

"여성은 창조의 원천, 남성을 이끌어 올리는 힘-나는 어머니께로부터 창조하고 파악하는 상상력과 새롭게 창조하고 표현하는 것을 배웠다."(괴테)

"나의 오늘, 나의 희망, 이 모든 것은 천사와 같은 내 어머니에게서 받은 것입니다. 어머니의 기도가 나를 나 되게 하셨습니다."(링컨)

"어머니는 나에게 있어서 가장 부드럽고 다정한 최선의 벗이었습니다."(베토벤)

"제가 이렇게 된 것은 전부 어머니 덕택입니다."(에

디슨)

"어머니들이여, 자매들이여, 아내들이여, 연인들이여, 남성의 혼을 만들고 못만드는 것은 여러분에게 달려 있습니다. 만일 그것을 원한다면 어릴 때 남성은 당신들의 수중에 있습니다. 또한 자기가 존경하고 사랑하는 여성 앞에서는 언제나 남성은 어린애입니다. 자기 생애 가장 큰 영향을 주는 두 여인 중 하나는 어머니입니다."(로맹롤랑)

"온갖 고난과 시련을 이겨낼 만큼 용기있고 부지런하고 따뜻하고 다정한 미소의 소유자, 재난과 맞서 싸운 강인하고 용감한 분."(키신저)

위인들의 이러한 어머니에 대한 평가와 찬사를 보더라도 그들이 얼마나 어머니를 사랑하고 존경했으며, 자신의 모든 공로를 어머니에게 돌렸는지를 알 수 있습니다.

위인들은 어머니를 최고로 높은 여성의 반열에 올리고, "인간을 위대하게 만드는 자는 바로 어머니"라고 말했습니다. 이들의 여성관과 어머니관이 올바른 것이 아니겠습니까?

진실로 여성의 보람과 가치와 기쁨은 어머니가 되어서 자녀들을 훌륭하게 기르는 일이 아닌가 싶습니다. 어머니의 힘, 어머니의 사랑이 얼마나 큰 위력을 발휘했나를 이러한 위인들을 통해서 다시금 깨달을 수 있습니다.

6. 가정에서의 어머니의 위치

가정과 어머니는 분리해서 생각할 수가 없습니다. 어머니는 가정의 실제적인 주인으로서 마땅히 가정을 지켜야 하고 어린 생명들을 올바로 길러야 할 하나님이 부여하신 가장 중요한 천직을 추호도 소홀히 해서는 안 됩니다. 그러므로 여기에서는 어머니가 가정을 지켜야 할 이유와 가정에서의 역할과 임무에 대하여 말하고자 합니다.

어린이가 가장 쓸쓸할 때는 학교 갔다 집에 돌아와서 엄마를 불러도 대답이 없을 때라고 합니다. 그리고 학교 숙제를 해오지 않는 어린이들도 집에 가면 엄마가 없기 때문에 공부하기 싫어서 숙제를 하지 않았다고 말하는 경우가 많다고 합니다.

이와 같이 어린이들은 집에 어머니가 없을 때 고독감과 허전함과 불안감 때문에 공부도 하기 싫고, 의욕도 꿈도 희망도 가질 수 없는 것입니다. 다른 식구들이 다 있어도 어머니가 없으면 이들은 아무도 없는 것 같이 느끼게 됩니다. 왜냐하면 어린이들에게 있어서 어머니는 그들의 삶과 행복의 근원이기 때문입니다. 어린이들은 어머니를 전적으로 의지하는 가운데 참다운 행복감과 평안함을 느끼는 것입니다.

엄마의 따뜻한 품과 눈길과 세심한 보살핌 없이 하루종일 경직된 곳에서 지내야만 하는 어린이, 학교에서 집에 돌아와 아무도 없는 쓸쓸한 아파트에서 혼자 먹고 텔레비전만 보며 사는 어린이들의 얼굴에는 웃음이 없습니다. 그 마음에서 따뜻한 정이나 기쁨이 우러나올 수가 없습니다. 그렇기 때문에 거리를 배회하면서 불량한 친구들과 어울리기 쉽고, 마침내는 문제를 일으키게 되는 것입니다.

청상과부가 되어도 자식을 위해서 평생 재혼하지 않고 자식에게 온갖 정성을 다 바친 어머니, 손발이 닳도록 가족들을 위해서 묵묵히 일하면서도 자녀들에게 헌신적인 보살핌과 따뜻한 애정과 미소를 아끼지 않았던 현숙한 전 시대의 어머니들에게서 성현, 성군, 충신과 효자들, 그리고 인류에게 정신문화를 유산으로 남긴 위인들이 나왔던 것입니다.

물질이 풍부하고 과학과 예술이 발달하고 살기좋은

세상이 왔어도, 전쟁은 아직도 세계도처에서 일어나고 있고, 상상조차 할 수 없는 잔인하고 포악한 범죄자들이 날마다 세상을 소란하게 하고 있습니다. 이러다가 두뇌만 발달하고, 따뜻한 마음이 없는 인간들이 이 땅을 지배하게 되는 것은 아닐까요?

요즈음 어머니들의 교육열이 대단히 높습니다. 그러나 이들은 훌륭한 지식과 높은 수준의 예능이나 체육이나 기술교육을 제공하는데 비해 희생적 사랑과 위대한 사상, 그리고 어머니 자신을 얼마나 제공하고 있는지 반성해 보아야 합니다. 또한 내 자식만 좋은 학교에 들어가서 공부 잘하고 출세해서 영광을 누리면 그만이라는 식의 사고방식을 가지고 있지는 않은지 우리 모두 반성해 보아야 합니다.

무엇보다도 근대화가 가져온 사회적 병리현상 중 하나인 '모성부재'의 가정을 우려하지 않을 수 없습니다. 사회참여나 활동에 지나치리만큼 몰입해 있는 어머니, 계모임이나 춤에 빠져 있는 어머니, 가정불화나 남편에 대한 불만 때문에 가출해버린 어머니, 직장 때문에 하루종일 집을 비우는 어머니, 이런 어머니들이

차츰 늘어가고 있습니다. 특히 새벽 일찍 나가서 밤늦게 돌아오는 맞벌이 부부 가정의 자녀들이 문제입니다. 물론 직장을 가진 어머니들의 능력과 현명한 처사에 따라서 큰 피해를 주지 않는 경우도 있겠으나 대부분의 경우, 자녀들이 '홈 스위트 홈' 갈증이 생겨서 마음의 안정을 찾지 못하는 방랑자, 혹은 이유 없는 반항아가 될 염려가 있습니다. 그러므로 불가피한 경우에만 어머니들이 사회활동을 해야 하고, 직장을 가진 경우에는 최선을 다해서 자녀들의 건전한 성장에 지장이 없도록 해야 합니다.

우리는 항상 가정이 얼마나 중요한가를 염두에 두어야 합니다. 가정은 사회의 기본 단위이며, 모든 것의 근원입니다. 가정은 인생의 오아시스요, 생명원입니다. 이 가정의 중심이 어머니이기 때문에 어머니가 오아시스 역할을 해야 합니다. 이 중대한 역할은 어머니 외에는 아무도 해낼 수 없습니다.

인간의 뇌세포, 지능, 인격, 감정 등의 80%는 6세 이전에 형성된다고 합니다. 뿐만 아니라, 한 개인의 인생관, 가치관, 신앙의 바탕도 이 시기에 무의식적으로 형성된다고 할 수 있습니다. 그러므로 인간 조성에 공헌하는 정도는 학교교육이 20%에 불과한데 비하여 80%나 가정교육이 담당하고 있는 것입니다. 이것만 보아도 유아교육을 담당하고 있는 어머니의 책임이 얼마나 중요한지를 알 수 있습니다. 인간을 만드는 어머니의 임무는 세상의 그 어떤 일보다도 중대합니다. 이 중요한 시기에 자녀를 어머니 아닌 고용인이나 가정부에게만 전적으로 맡긴다는 것은 심각한 문제가 아닐 수 없습니다. 그러므로 어머니들은 취학 전까지만이라도 자녀양육과 교육에 전력해야 하겠습니다.

7. 가정에서의 어머니의 임무

이상적인 어머니는 온갖 정성이 담긴 모성애로서 성실하게 자녀들을 기르고 남편과 시부모를 섬기면서 가정을 지키는 일을 생명처럼 여기는 어머니입니다. 가족의 구성원들은 이와같이 가족들을 보살펴 주며 집을 지켜주는 어머니를 마음의 안식처요, 정신적인 지주로서 존경하고 의지하며 살아갑니다.

사랑과 화목으로 가족들의 마음을 하나로 묶어 주고, 힘이 되어 주고, 진선미의 가치를 가정에서 보여줌으로써 영구히 향수를 느끼게 하는 마음의 고향이 바로 어머니의 참된 모습일 것입니다. 예나 지금이나 어머니가 가장 위대한 존재로서 만인의 가슴을 울리는 것은 이 세상 어디에서도 볼 수 없는 무조건적인 사랑과 용서의 마음 때문입니다.

그 어떤 사랑과도 비길 수 없는 희생적인 사랑, 가장 진실되고 아름다운 사랑이 어머니의 가슴속에서 우러나오기 때문입니다. 이 사랑의 물을 어릴 때부터 흡족히 마셔야 안정되고 행복해져서 올바르게 이 세상을 살아갈 수 있는 것입니다.

그러나 가정 밖의 다른 활동이나 직장일에 많은 시간과 정력을 소모하기 쉬운 현대 어머니들에게서 이런 헌신적인 사랑을 기대하기는 어렵습니다. 그렇다해도 가족들의 영육을 길러주고 행복과 안전을 도모해주는 가정의 정신적인 지주로서의 어머니 역할을 소홀히 해서는 안 됩니다. 어머니가 흔들리면 집안 전체가 흔들리게 됩니다. 어머니가 이기적이거나 심신에 병이 있으면 가족들은 정신적인 영양실조에 걸려 생기를 잃게 되고, 가정은 하숙집으로 전락하게 될 것입니다.

가정이 얼마나 중요한가를 알려주는 좋은 예로써 스웨덴 같은 복지국가를 들 수 있습니다. 이 나라에는 아동이나 청소년 복지, 의료나 주택복지, 노후보장 등이 제도적으로 완벽하게 이루어져 있습니다. 도시나 시골이나 어디든지 도서관과 운동시설이 완비되어 있습니다. 빈부의 격차는 거의 찾아볼 수가 없습니다.

직장 여성들은 출산 전후로 1년 동안의 유급휴가를 얻습니다. 병자들에게는 병원비용 일체가 국가에서 지급됩니다. 9년 동안의 의무교육에 점심과 교재가 무료로 지급되고, 고등학생이나 대학생은 모두 증여 및 대여 장학금의 혜택을 받습니다. 신체장애자, 병약자, 실업자, 노인들에 대한 보호책도 완비되어 있습니다.

그런데 놀라운 사실이 있습니다. 이렇게도 살기좋은 나라에서 높은 자살율과 정신병자들이 많다고 하는 것입니다. 왜일까요?

그 이유는 이곳 여성들의 사회적 진출은 세계에서 으뜸인데다 이혼율이 높아서 자녀들이 애정결핍으로 갈등과 불안 속에서 자라나기 때문입니다. 이들의 욕구불만은 흡연, 마약, 알코올 중독 등의 심각한 사회문제로 나타납니다. 이러한 현상은 스웨덴뿐만 아니라 현대 문명국가들의 전반적인 특색입니다.

복지국가가 무슨 소용이 있겠습니까! 가정이 가정의 역할을 감당하지 못하고 어머니들이 자녀들을 올바르게 양육하지 못한다면 국가가 아무리 정치를 잘하고 복지제도가 완벽하게 이루어진다 해도 큰 성과를 거두지 못할 것입니다.

8. 가난한 과부의 자녀들

위인들 가운데는 홀어머니 밑에서 극빈하게 자란 사람들이 많습니다. 그러한 환경에서도 위인들이 배출될 수 있었던 것은 이들의 어머니들이 철저하게 가정을 지키고 온갖 정성과 희생으로 자녀들을 길렀기 때문입니다.

어떤 사람이 위인전을 읽다가 32명의 위인들 가운데 4명을 제외한 28명이 가난과 싸워서 이긴 사람들이었다는 것을 발견했습니다.

"젊을 때 고생은 돈 주고도 못 산다."는 말이 있습니다. 가난과 역경은 인간을 연단해서 훌륭하게 만들어 주는 최고의 스승입니다. 역경을 극복하기 위해 노력할수록 인간의 잠재능력이 발휘되는 것입니다. 따라서 그는 자신과 용기를 가지고 생을 모험할 수 있는 것입니다.

젊을 때 고난을 겪고 그 고난을 극복한 사람은 인생의 의미를 일찍 깨달을 수 있어 세상과 인간을 이해하고 사랑하고 기뻐하며 감사할 수 있는 사람이 될 수 있습니다. 항상 풍족한 물질 속에서 안일하게만 산 사람은 참 기쁨과 감사를 모릅니다.

가난한 가정에서는 인간의 가치와 인간미가 한층 돋보이는 것입니다. 모든 것이 궁색한 오막살이집에서는 어머니가 전부입니다. 어머니는 결국 자신의 모든 것을 자식들에게 제공하게 됩니다. 어머니는 자신이 먹을 것을 가족들에게 주고, 피땀 어린 노고로써 생계를 유지합니다.

가난한 그 옛날에는 모든 것이 어머니의 희생적인 노고를 거쳐서 자식들에게 전달되었습니다. 어린이는 어머니가 길쌈해서 지어준 옷을 입고, 어머니가 만들어준 음식을 먹고, 어머니가 빨아서 기워준 버선을 신고, 어머니가 들려주는 이야기를 듣고 자랐습니다. 결국 자녀들은 어머니의 정성과 사랑이 듬뿍 담긴 옷과 음식으로 살았던 것입니다. 어머니의 사랑을 먹고, 어머니의 사랑을 입고…. 그래서 가난한 과부의 아들들은 어머니의 사랑을 부잣집 아들들보다 훨씬 더 많이 받을 수 있었습니다. 어머니 자신이 그대로 제공되었기 때문입니다. 어머니의 사랑이 컸기 때문에 어머니의 말은 그만큼 힘이 있었고, 영향력 또한 컸던 것입니다. 그러므로 어머니에 대한 순종과 효심이 우러나오지 않을 수 없었습니다. 가난과 역경 속에서도 어머니 혼자의 힘으로 훌륭한 인물을 길러냈다는 사실은 어머니의 사랑의 힘이 얼마나 큰가를 짐작하게 합니다. 하나님께서 그를 대신해서 인간의 몸을 가지고 땅위에서 인간을 잉태하고 출산하고, 가장 참된 사랑으로 인간을 만들어내는 어머니에게 하나님 자신의 힘을 부여하셨기 때문에 이러한 임무를 완수할 수 있는 것입니다.

어머니의 가슴은 사랑의 샘입니다. 이 샘에서 솟아나는 사랑은 한이 없습니다. 피곤도 실망도 변함도 끝도 없는 사랑이 어머니의 사랑입니다. 그러기에 이들은 고독과 가난과 서러움과 아픔을 다 참고 끝까지 투쟁해서 기어이 승리를 쟁취합니다.

가냘픈 여자의 몸으로 밤낮 베를 짜는 중노동을 하는 어머니, 길거리에서 떡장수를 하는 어머니, 남의 집에서 파출부를 하거나 품팔이하는 어머니… 이들은 갖은 고생을 다하면서도 오로지 자식들에게 희망을 걸고 하루하루를 견디어냈던 것입니다. 이러한 어머니들이 없었더라면 인류에게 문명도, 문화도, 예술도, 과학도 없었을 것입니다.

9. 하나님의 대리자인 어머니

어머니의 본질은 사랑이요, 어머니는 사랑의 화신
이라고 할 수 있습니다. 어머니는 이 세상 그 어떤 존
재보다도 사랑이신 하나님을 가장 많이 닮아야 하고,
그분의 순수하고 희생적인 사랑을 소유해야 하며, 인
간을 만들어내는 하나님의 대리자 역할을 감당해야
합니다.

어머니의 가슴은 생명의 샘과 같이 인간을 살리는
순수하고 아름다운 사랑의 샘이 되어야 합니다. 어린
생명들은 날마다 한없이 솟아나는 이 샘물을 흡족히
먹어야 생기를 얻어서 올바른 인간이 될 수 있고, 또
그러한 샘물을 남에게 줄 수 있습니다.

사랑은 생명입니다. 인간은 사랑 없이는 살 수 없도
록 만들어졌습니다. 잘 먹고, 잘 입고, 보호를 받았어
도 사랑을 받지 못한 어린이들이 1년 후에 모조리 죽
어버렸다는 사례가 있습니다.

인간은 사랑으로 만들어졌고, 사랑하기 위해 만들
어졌고, 사랑 없이 하는 모든 행동은 인간의 행동이

아닙니다. 그것은 동물의 행동입니다. 인간답다는 것은 오로지 얼마나 어떻게 사랑을 잘 하느냐에 달려 있는 것입니다.

사랑하기 위해서 태어난 인간과 먹기 위해서 혹은 인간에게 이용당하기 위해서 태어난 동물과 어떻게 다른가 봅시다. 동물은 사랑하기 위해서 태어나지 않았기 때문에 사랑하는데 필요한 도구들을 가지고 있지 않습니다.

웃음과 미소는 사랑을 표현하는 가장 아름다운 매개입니다. 하나님께서 우리 인간에게 아름다운 미소와 밝은 웃음을 주신 것은 인간의 마음을 따뜻하게 하고 밝고 아름다운 세상을 만들어서 서로 사랑하라는 뜻입니다.

마음이 밝고 따뜻해야 기쁨이 있고 세상을 밝게 보고 크게 웃고 그 누구에게나 아름다운 미소를 던질 수 있습니다. 이 미소는 자기가 좋아하는 사람, 잘 아는 사람에게만 던져서는 안 됩니다. 미운 사람, 모르는 사람, 특히 고독하고 슬퍼하는 사람에게도 주어야 진정한 사랑의 표현이 됩니다.

미소는 돈 한 푼 들이지 않고 얼마든지 줄 수 있는 것입니다.

육신의 양식만 제공하는 것이 아니라 사랑하는 아기를 품고 따뜻하고 인자한 눈길로 지켜보고, 순수한 사랑의 마음에서 우러나는 기도를 드리면서 그의 영혼도 키워주어야 합니다. 어머니는 큰 아이나 어른이 되어서도 자식을 안아주고, 쓰다듬어 주고, 손을 잡아주고, 입맞추어 주는 등의 피부 접촉으로써 한결같은 풍부한 사랑을 표현할 줄 알아야 합니다.

동물은 먹는 입은 있어도 말하는 입은 없습니다. 언어와 대화의 근본 목적은 사랑을 나누기 위함입니다. 대화는 인간을 이해하고 모든 오해를 풀고, 서로 사랑을 받을 만한 가치있는 존재임을 인정케 합니다. 우리는 또한 말로써 "나는 당신을 사랑합니다." 라고 고백할 수 있습니다. 이 얼마나 사랑스럽고 감격스러운 일입니까!

한 마디의 인정과 칭찬과 감사의 말은 사막에서 오아시스를 만난 듯한 기쁨과 힘을 줍니다. "수고했습니다.", "감사합니다.", "참 잘했습니다." 라는 말은 상대방의 마음에 귀중한 사랑의 감정을 심어줍니다.

어머니는 얼마든지 위대하게 자랄 수 있는 어린 아들 딸들에게 이와같이 말로써 사랑을 풍부하게 표현할 줄 알아야 합니다. 어머니의 음성은 아름다워야 하고, 항상 사랑이 듬뿍 담겨져 있어야 합니다.

하나님은 인간에게 입은 하나만 주셨지만 눈과 귀는 두 개씩 주셨습니다. 두 배나 더 많이 보고, 들으라는 것입니다.

어머니는 또한 자녀들의 행동의 이면을 보고, 행동의 의미를 들을 수 있는 마음의 눈과 귀를 가져야 합니다. 어린이의 문제 있는 행동에서 사랑을 갈망해서 몸부림치는 모습을 볼 줄 알고 "나를 좀더 사랑해 주세요. 좀더 주목해 주세요!" 라고 외치는 소리를 들을 줄 알아야 합니다.

하나님이 인간에게 손을 주신 것은 남을 위해서 일하고 봉사하도록 하기 위함이며, 발을 주신 것은 사랑하는 사람을 찾아가 돕게 하기 위해서입니다. 만약 우리의 손과 발이 우리의 먹을 것만을 구하고 찾기 위해서 쓰인다면 이것은 동물의 손발에 지나지 않습니다.

동물에게는 손이 없습니다. 남을 위해서 봉사할 필요가 없으므로, 다만 자기 먹을 것을 찾아다니는 발밖에 없는 것입니다. 남을 위해서 수고하고 봉사하는 손, 남을 위해서 기도하는 손같이 아름다운 것은 없다고 생각합니다.

손발이 닳도록 자식을 위해서 밤낮으로 일하는 어머니들이 있었기에 그 자녀들이 훌륭한 인물로서 살아갈 수 있는 것입니다. 일하지 않고 아름답게 장식하고 가꾼 손은 보잘것없고 가치없는 손임을 알고 어머니들은 항상 자신들의 손을 보고 반성해야 합니다.

하나님은 인간에게만 생각하고 창조하는 두뇌를 만들어 주셨습니다. 인간은 이러한 우수한 두뇌를 사용해서 얼마든지 깊고 오묘한 진리를 탐구하고 위대한 것을 발명해서 편리하고 행복하게 살 수 있게 되었습니다.

그러나 사람들은 이러한 우수한 두뇌로 인간을 해치고 죽게 하는 약품이나 식품, 그리고 전쟁 무기를 만들어서 인류를 멸망시킬지도 모르게 되었으니 이 얼마나 어리석고 안타까운 일입니까!

그러므로 어머니들은 어린 자녀들에게 사랑을 심어 주어야 합니다. 그리하여 이러한 우수한 두뇌가 인류의 평화를 가져오게 하는 도구가 되도록 해야 합니다.

자녀들에게 사랑을 표현하는 가장 귀한 도구는 우리 자신이며 우리의 시간입니다. 물질이나 말이나 그 어떤 사랑의 표현보다도 어린이들은 그들과 같이 지내주는 어른들을 가장 좋아하고 큰 사랑을 느낀다고 현대 아동교육 학자들은 말합니다.

10. 희생적인 어머니

이상적인 어머니는 헌신적이고도 희생적인 사랑을 소유하고 있습니다. 훌륭한 자녀를 기르는 데에는 어떤 희생이라도 아깝지 않은 것입니다. 위인들의 어머니들은 거의 다 희생적인 사랑을 쏟아서 자녀들을 길렀습니다.

희생적인 사랑이란 아무런 대가를 기대하지 않는 순수하고 진실된 사랑입니다. 그 사랑은 부모 자신의 야심이나 욕구 충족을 위해서가 아니라 자식을 위해서 자식을 기르며 공부시키는 것입니다. 그 사랑은 자신이 가진 모든 것을 제공할 뿐만 아니라 필요할 때면 자신의 몸까지도 바칠 수 있게 하는 사랑입니다. 참으로 훌륭한 인물을 만들어내는 사랑은 결코 본능적이고 맹목적인 사랑이나 자기 자식만을 위하는 이기적이고, 좁은 사랑이 아닙니다. 그러므로 지나친 엄격성, 익애, 과보호, 편애 등은 스스로 결핍된 사람임을 드러내는 것입니다. 비록 자식을 극진히 사랑한다 해도 그것은 자기애의 표현일 따름입니다. 다시 말하자면 행복한 사람만이 자식을 올바르게 사랑할 수 있고, 기쁘게 자발적으로 헌신하고 희생할 수 있다는 것입니다.

희생적인 사랑은 자발적으로 솟아나오는 것이지, 어떤 관습이나 강압에 의해서 나오는 것이 아닙니다. 남성은 섬김을 받아야 할 존재, 여성은 섬기고 희생해야 할 존재라는 관념은 남존여비 사상의 소산입니다. 이와같이 인간으로서 마땅히 누려야 할 권리와 자유를 무시당한 비인격적인 대우에서 오는 강압적인 자아 말소가 희생이 아님을 알아야 합니다.

어머니의 희생적인 사랑을 보여주는 눈물겨운 이야기들을 소개하고자 합니다.

나폴레옹이 러시아에 쳐들어갔을 때 여인들까지 몸수색을 했었습니다. 한 나폴레옹의 병사가 어떤 러시아 여인에게 "손들어!" 하고 명령했으나 그 여인은 손을 들지 않았습니다. 재차 "손들지 않으면 발사하겠다!" 라는 병사의 위협에 손을 든 여인의 가슴에는 무언가 불룩한 것이 움직이고 있었습니다. 여인의 가슴에는 온몸에 피가 묻은 갓난아기가 있었던 것입니다.

그녀는 폭격을 피해 숨어 다니느라 며칠씩 식사를

할 수 없었던 탓에 젖이 나오지 않자 자기 유두를 찔러서 죽어가는 아기에게 피를 먹이고 있었습니다. 놀라는 병사 앞에서 여인은 기진하여 쓰러져 버렸습니다. 아무리 적병이라도 이 광경을 보고 감격하지 않을 수 없었습니다. 그 병사는 부대로 돌아온 뒤 조치하여 아기와 엄마를 다 살려주었다고 합니다.

1·4후퇴 때의 일입니다. 한 선교사가 어떤 다리를 건너다가 우연히 다리 밑에서 발가벗은 채 얼어죽은 여인의 시체를 보았습니다. 그 여인의 시체 옆에는 그녀의 옷에 쌓인 갓난아이가 살아 있었습니다. 난리통에 길에서 해산한 어머니가 옷을 다 벗어서 아기를 싸주고 자기는 추워서 얼어죽은 것이었습니다.

선교사는 여인을 양지바른 곳에 묻어주고 아기를 데려다 길렀습니다. 그 아이가 자라서 피부색이 다른 부모에게 그 내력을 물었습니다. 선교사는 아이의 어머니에 관한 이야기를 상세하게 들려주었고, 그 말을 들은 아이는 그의 어머니의 무덤에 가보기를 원했습니다. 선교사는 그를 무덤에 데려다 주었습니다. 무덤 앞에서 하염없이 울던 아이는 자기의 옷을 하나씩 벗어서 어머니의 무덤을 덮어주었다고 합니다.

이것이 어머니의 사랑입니다.

어느 곳에 수정처럼 깨끗하고 아름다운 소녀가 있었습니다. 그런데 그녀 어머니의 얼굴은 화상으로 인해서 흉측하게 보였습니다. 소녀는 어머니의 이상한 얼굴 때문에 항상 친구들에게 놀림을 받았습니다. 그녀는 속으로 "왜 우리 엄마 얼굴이 저렇게 되었을까? 다른 엄마들은 모두 다 예쁜데…"라며 비관했습니다. 이러한 딸의 심정을 어머니가 모를 리가 없었습니다. 그래서 하루는 어머니가 딸을 불러 앉혀놓고 이야기를 해주었습니다.

"네가 아주 어릴 때의 일이다. 어느 겨울날 한밤중에 우리집에 불이 났었지. 그때 나는 방 안에서 자고 있는 너를 구하려고 불길 속으로 뛰어들었단다. 다행히 너를 조금도 다치지 않고 구해낼 수 있었다. 그러나 그때 입은 화상으로 내 몸과 얼굴은 이렇게 심하게 망가졌단다."

이 말을 들은 딸은 울지 않을 수 없었습니다. 소녀가 눈물에 젖은 눈으로 어머니의 얼굴을 쳐다보자 어머니의 얼굴이 천사같이 성스럽고 아름답게 보였습니다. 그때부터 소녀는 항상 어머니를 존경하고 감사했으며 친구들에게 자기 어머니를 자랑했습니다. 이것이 바로 희생적인 사랑입니다.

스코틀랜드의 어느 산중에 가난한 가정이 있었습니다. 그 집의 딸은 어머니만을 집에 남겨두고 가출해 버렸습니다. 이 딸은 9년 동안 동서남북으로 돌아다니면서 타락한 생활을 계속 했습니다. 그러던 어느 날, 어느 목사님의 설교를 듣고 크게 감동한 딸이 자신의 잘못을 깊이 깨닫고 회개하게 되었습니다. 그녀는 집으로 돌아가서 어머니께 용서를 빌기로 결심했습니다.

그녀가 드디어 고향집에 도착한 것은 한밤중이었습니다. 길은 어두웠지만 어릴 때 늘 다니던 길이라 집을 찾기는 쉬웠습니다. 집 가까이 다가가자 창문으로 불빛이 새어 나오고 있었습니다. 마침 오는 도중 비가 왔기 때문에 딸의 옷은 흠뻑 젖어 있었습니다.

집에 도착한 딸이 문을 두드렸으나 아무런 대답이 없었습니다. 다시 두드려 보았습니다. 그러나 여전히 안에서는 아무런 대답이 없었습니다. 깊은 산중에, 그것도 한 채밖에 없는 집에서 문도 잠그지 않고 있다니 참 이상하다고 그녀는 생각했습니다. 혹시 어머니는 벌써 죽고 산적들이 사는 것은 아닌가 하고 그녀는 숨을 죽이고 방으로 들어가 보았습니다.

방 안에는 조그마한 불이 켜져 있었습니다. 딸은 전에 어머니가 주무시던 침대쪽으로 다가갔습니다. 그 소리에 자고 있던 어머니가 눈을 떴습니다. 어머니는 딸을 향하여 누구냐고 물었습니다. 딸이 조심스럽게 "어머니, 저에요."라고 대답했습니다.

이 음성! 아아, 이 음성은 바로 9년 동안이나 듣지 못했던 사랑하는 딸의 음성이 아닌가! 어머니는 번개처럼 일어나서, "아, 네가 왔구나." 하고 딸을 얼싸안았습니다. 어머니는 비에 젖은 옷을 갈아입게 하고, 따뜻한 음식을 만들어서 딸에게 먹였습니다. 딸은 자기의 회심을 어머니에게 이야기하고 용서를 빌었습니다. 그리고 어머니에게 물었습니다.

"어머니, 이 무서운 산속에서 왜 밤중에도 문을 잠그지 않고 계세요? 무슨 일이라도 일어나면 어쩌시려고요?"라고 물었습니다. 그러자 그녀의 어머니가 대답했습니다.

"오늘 저녁뿐 아니라, 네가 떠나고 지금까지 9년 동안 난 한 번도 문을 잠그지 않았단다. 그리고 네가 밤에 들어와도 잘 볼 수 있도록 계속 불을 켜 두었단다."

아, 그 무엇과도 비길 수 없는 어머니의 사랑! 이 지상에서 하나님의 거룩한 사랑과 가장 가까운 사랑은 바로 어머니의 사랑입니다. 이러한 사랑 때문에 세상은 그래도 악마의 소굴이 되지 않고 어두움 속에서 빛을 볼 수 있는 것입니다.

어머니들이여! 이같이 깊고도 드높은 숭고한 사랑을 길이 간직하여 자녀들에게, 그리고 만인들에게 나타내기를….

11. 신앙의 어머니가 되어야 합니다

신앙은 인간의 삶과 죽음의 의미와 보다 나은 삶에 대한 추구에 그 기원이 있습니다. 인생의 무상을 알고 고독과 불만을 느낄 때 인간 이상의 초월적인 힘을 갈망하게 되며 그에게 의지하고 싶은 신앙심이 생기게 됩니다. 자신이 불완전하고 죄 많은 인간이라는 것을 느낄 때 종교가 필요하게 되는 것입니다.

그러나 눈에 보이는 것, 현세의 쾌락이나 물질이나 안일한 삶에 만족하고 죽음이나 내세를 무시해 버리는 사람에게는 신앙이 필요없는 것입니다. 이런 사람은 우주를 지배하는 절대 주관자요, 절대 선이고, 의로우신 하나님을 의식하지 않기 때문에 아무렇게나 살아버리기 쉽습니다. 다시 말하자면 신앙심은 전능하시고, 의로우시고, 자비하신 하나님을 의지하고 그를 경외하며 그 뜻을 따르는 마음입니다. 그러므로 참으로 하나님이 존재한다고 믿고 그를 기쁘시게 하려는 올바른 신앙심을 가진 사람들은 죄를 멀리 하고, 올바르게 살고, 생을 아무렇게나 살아버리지 않으려고 노력합니다.

하나님은 인간의 좁은 이성으로 이해될 수 없고, 인간의 머리로써 만들어낸 존재도 아닙니다. 다만 인간은 하나님이 인간에게 계시하려는 것만큼만 그에 대하여 알 수 있는 것입니다. 하나님의 신비스러움은 체험함으로써 깨닫는 것이지 이론적으로 설명해서 이해될 수 있는 것이 아닙니다.

이러한 체험에서 얻은 확신 때문에 변화를 받아 역사발전에 이바지한 신앙인들을 많이 볼 수 있습니다. 그들은 모두 하나님의 크신 사랑에 감격하고 감사해서 조국애와 인류애의 정신을 발휘한 사람들입니다. 불타는 신앙심으로 역경을 극복하고 큰 업적을 남긴 애국지사들, 인도주의자들, 인류애를 보여준 사람들, 그리고 기쁘게 목숨을 바친 순교자들을 우리는 역사 속에서 많이 볼 수 있습니다.

종교의 필요성과 신앙의 힘에 대하여 위인들이 한 말들을 들어보겠습니다.

"종교가 없는 사람은 심장이 없는 사람처럼 쓸모없다. … 신앙은 생의 힘이다."(톨스토이)

"종교가 없으면 교양의 조화가 없으며, 따라서 인생의 존귀한 의의를 잃게 된다."(슐라이에르마허)

"신앙은 산이라도 움직일 수 있다."(영국 격언)

"내가 크게 싫어하는 것 두 가지가 있다. 학자로서 하나님을 믿지 않는 것과 무지해서 미신에 빠지는 것이다."(마호메트)

"반드시 이루어야 하는 모든 대 개혁은 신이 함께 함으로 성공한다."(괴테)

"종교는 모든 문명의 모체다."(사르트르)

"종교는 방법이 아니고 생명이다."(사미엘)

"종교는 인간 도야의 근본이다."(페스탈로치)

"내가 하나님을 믿지 않으면 한순간도 재상의 자리에 앉아있을 수 없다."(비스마르크)

"종교 없는 인간은 가장 열등한 인간이다."(國木田獨步)

"마음이 깨끗한 자는 신의 애인이다."(밀턴)

"종교 없는 과학은 불구요, 과학 없는 종교는 소경이다."(아인슈타인)

"사람이 그 신앙이 굳세면 혼자 있어도 혼자가 아

니다."(포이에르바하)

"아, 나는 나를 위대하게 만들기 위해서, 백성들에게 잘 보이기 위해서 위엄과 의복을 단장했으나 아무 것도 얻은 것이 없었다. 그러나 몸에 남루한 옷을 입고, 위엄을 갖추지 않고 만세후까지 몇억의 인간들에게 경배를 받은 이는 실로 유대땅에 나신 가난한 목수의 아들 예수였다."(나폴레옹)

"현미경을 달라. 그러면 무신론을 파괴해 보이겠다."(갈릴레이)

12. 신앙교육의 어머니

"종교 없는 교육은 지혜있는 악마를 만든다." 라고 웰링턴은 말했습니다. 종교에서 가르치는 참된 도덕률이나 사랑의 정신이 결핍되고, 신앙심이 결여된 지식이나 건강, 재물은 올바르고 값있게 사용될 수 없습니다. 오히려 이것들은 자신과 타인을 해치는 도구가 됩니다. 부모는 자녀를 학교에 보내어 지식을 길러주고, 음식을 먹여서 신체를 길러주고, 사랑과 칭찬을 해서 정서를 길러줍니다. 그리고 이 모든 면의 성장을 올바르게 활용해서 이웃과 세계를 복되게 하는 신앙심을 길러주지 않는다면 어리석은 일이 되고 맙니다. 절대 선이시고, 진리이시고, 사랑이신 하나님을 떠나서는 인간에게 참다운 사랑과 선, 진리란 있을 수 없습니다. 그래서 구약성경에 "여호와를 경외하는 것이 지식의 근본이라."고 한 것입니다.

미국의 유명한 실업가이자 작가인 로저 밥슨은 "오늘날 우리 아이들은 25년 전 우리 때의 천 배나 되는 유혹을 받고 있다."고 말했습니다.

청소년 범죄는 날로 증가하고 있고, 부도덕하고 사악한 세력이 극성을 부리고 있습니다. 이들이 어렸을 때 하나님을 두려워하는 믿음과 인간 생명의 존엄성을 체득했더라면 결코 이러한 범죄를 저지르고 사는 사람과 하나님이 없다고 생각하고 망종하게 사는 사람의 길은 가지 않을 것입니다.

종교 없는 교육은 이상에 도달할 수가 없습니다. 위대한 교육자요 고아들의 아버지라고 불리는 페스탈로치의 박애주의와 인간애의 근저에는 깊고도 열렬한 신앙심이 있었고, 이 신앙심은 그의 어머니로부터 물려받은 것이었습니다.

인류에 공헌한 위대한 인물을 만든 원동력은 신앙심입니다. 특히 위대한 신앙인들의 대다수는 독실한 신앙을 가진 어머니들을 가졌다는 사실이 이를 입증합니다.

성 어거스틴, 성 프란체스코, 성 다미엔의 깊은 사상과 신앙과 성스러운 생애의 이면에는 돈독한 신앙심을 갖고 불철주야 애절한 기도와 사랑으로 일관한 어머니들이 있었습니다.

몰로카이 섬에서 600명이나 되는 문둥병자들을 위해 평생을 헌신한 다미엔에게도 그런 어머니가 있었습니다. 그녀는 극히 충성스러운 신자로서 쉬지않고 기도하며 경건한 신앙생활을 했습니다. 다미엔은 이러한 어머니로부터 온유한 성품과 고난을 참는 힘, 그리고 작은 동물들과 곤충까지도 사랑할 줄 아는 마음을 물려받았습니다.

모세가 그토록 위대한 민족의 지도자로서 크게 이름을 떨치게 된 것도 어릴 때 그의 어머니가 그에게 심어준 믿음과 민족정신 때문이었습니다.

대부흥사였던 무디의 열렬한 믿음 이면에도 그러한 어머니가 있었습니다. 미국의 웅변가요, 정치가인 동시에 신앙인이었던 웹스터의 어머니도 신앙의 어머니였습니다.

영국의 선교사로서 아프리카 탐험과 전도에 공헌한 리빙스턴이나 모퍼트도 어머니의 감화로 선교사가 되었습니다. 리빙스턴이 아프리카 토인들에게 그토록 깊은 사랑을 보여주고 수많은 사람들에게 감화를 줄 수 있었던 것은 어릴 때 어머니로부터 깊은 감화를 받

았기 때문이었습니다.

영국의 저술가이며 평론가로서 유명한 러스킨도 다음과 같이 어머니를 회고했습니다.

"내가 온 생애를 통하여 무슨 큰 생각을 해낸 것이 있거나 무엇을 썼다면, 그것은 어렸을 때 어머니께서 매일 성경을 읽어주시고 또 매일 몇절씩 외우게 한 덕분이다."

백화점 왕으로 불렸던 워너 메이커도 역시 어린시

절에 자기 어머니 옆에 꿇어앉아서 기도를 배웠노라고 말했습니다.

칸트, 괴테, 위고, 펄벅, 렘브란트, 뉴턴, 에디슨, 야마무로, 샐리그만, 링컨, 워싱턴, 루스벨트와 같은 위대한 철학자, 작가, 미술가, 과학자, 종교인, 사업가, 정치가들은 모두 경건하고 신앙심이 돈독한 어머니 밑에서 철저한 교육을 받으며 자랐습니다.

그 때문에 진실로 위대한 사상가, 예술가, 과학자, 사업가들은 신의 존재와 사랑을 확신하고 그분의 무한히 위대하신 진실하심과 선하심과 아름다움을 글과 미술로써 표현하고, 음악으로써 노래하였던 것입니다.

유대인들이 세계적으로 우수하고 종교적인 인물들을 많이 배출해낼 수 있었던 것은 그들의 조상들이 자녀들에게 철저하게 종교교육을 시켰기 때문입니다. 세계인구의 3.3%밖에 되지 않는 그들이 26%에 달하는 노벨상 수상자를 배출했다고 합니다. 수천 년 동안 세계각국에 흩어져 있던 민족을 하나로 모으고, 이토록 종교심과 민족성이 강한 나라가 될 수 있었던 것 역시 종교교육의 힘이었습니다.

"너는 마음을 다하고 뜻을 다하고 힘을 다하여 네 하나님 여호와를 사랑하라 오늘 내가 네게 명하는 이 말씀을 너는 마음에 새기고 네 자녀에게 부지런히 가르치며 집에 앉았을 때에든지 길을 갈 때에든지 누워 있을 때에든지 일어날 때에든지 이 말씀을 강론할 것이며 너는 또 그것을 네 손목에 매어 기호를 삼으며 네 미간에 붙여 표로 삼고 또 네 집 문설주와 바깥 문에 기록할지니라"(신 6:5-9).

이것이 유대인들의 종교교육의 목표요, 내용이요, 방법입니다. 유대인들은 세계 어느 곳에서 살든지 자손 대대로 이 말씀을 가르쳐 왔습니다. 어머니들이여, 당신들은 지금 무엇을 하고 있습니까? 인간을 만드는 일, 인간 속에 감추어진 무한한 가능성을 개발하기 위해 무엇을 하고 있습니까!

13. 지혜로운 여인, 매력 있는 아내

여러분은 성경 가운데 어떤 내용이 제일 재미있었습니까? 저는 잠언이 제일 재미가 있습니다. 그리고 제일 좋아합니다. 너무 좋아서 매일 아침 새벽기도를 마친 후에 한 장씩 읽습니다. 잠언이 재미있는 이유는 잠언 안에 여성들에게 주는 교훈이 참 많기 때문입니다. 그래서 잠언을 읽다 여성에 관한 말이 나오면 제가 힘있게 읽습니다.

"어진 여인은 그 지아비의 면류관이나 욕을 끼치는 여인은 그 지아비의 뼈가 썩음 같게 하느니라"(잠 12:4).

"무릇 지혜로운 여인은 자기 집을 세우되 미련한 여인은 자기 손으로 그것을 허느니라"(잠 14:1).

"집과 재물은 조상에게서 상속하거니와 슬기로운 아내는 여호와께로서 말미암느니라"(잠 19:14).

"다투며 성내는 여인과 함께 사는 것보다 광야에서 사는 것이 나으니라"(잠 21:19).

더 신나는 말씀은 잠언 31장 10절 이하입니다. "누가 유능한 아내를 맞겠느냐, 그 값은 진주보다 뛰어나다. 남편은 진심으로 아내를 믿으며 가난을 모르고 산다. 그의 아내는 살아있는 동안 오직 선행으로 남편을 도우며 해를 입히는 일이 없다. 양털과 삼을 구해서 부지런히 손을 놀려 일하기를 즐거워한다 …."

이 얼마나 좋습니까?

제 집사람이 제일 힘들어 하는 일이 일찍 일어나는 일입니다. 그런데 성경이 제가 할 수 있는 잔소리(?)를 하고 있습니다. "날이 밝기도 전에 일어나서 식구들에게 음식을 만들어 주고…" 그럴 때마다 제 아내는 시편을 묵상합니다. "여호와께서 사랑하는 자에게 잠을 달게 주시도다."

왜 이런 교훈이 많을까 생각해 보았습니다. 그만큼 여성의 역할이 중요하기 때문입니다. 성경은 분명히 말하지 않습니까? "무릇 지혜로운 여인은 그 집을 세우되 미련한 여인은 자기 손으로 그것을 허느니라."

순복한다는 말의 본뜻은 무엇무엇 아래 놓인다는 뜻입니다. '복종'이란 주의를 기울여 듣는 자세를 나타냅니다. 따라서 남편의 필요에 민감함을 의미합니다.

남편이 무엇을 원하는지 알아야 합니다. 그래서 사랑이란 내가 가진 것 가운데 남는 것 하나를 주는 것이 아니라 상대방의 필요를 채워주는 것이라 할 수 있습니다.

에디스라는 여인이 있었습니다. 남편 칼과 결혼생활 25년째를 맞이했으나 남편은 경제적으로 무능하기만 했습니다. 그런 남편이 돈을 벌기 위해 일본으로 떠났는데 그곳에서 열아홉살난 일본소녀와 결혼하고 말았습니다. 그런 남편의 철없는 행동을 보고서 에디스는 "칼은 일본에서 너무나 외로운 나머지 그 가난한 소녀를 만났고 결국은 자신의 행동을 책임지기 위해 나와의 이혼을 택했을 것"이라며 마흔여덟살의 칼과 열아홉살의 일본소녀가 같이 살기에는 나이와 문화적 배경에서 오는 차이가 너무 크기 때문에 언젠가는 두 사람 모두 그것이 사랑이 아님을 알게 될 것이라고 생각했습니다. 그리고 그때 남편은 다시 돌아올 것이라고 믿었습니다.

에디스는 매일 일본의 남편에게 자신을 잊지 말라는 편지를 띄웠고 그동안 칼과 일본인 소녀 사이에 두

명의 아이가 태어났습니다. 그러다가 어느 날 칼이 폐암으로 죽어간다는 편지를 받았습니다. 에디스는 그렇게 기다리던 남편과의 재회를 놓치게 될 것 같아서 엉엉 울기 시작했습니다.

칼은 에디스에게 미안하다는 말과 함께 일본인 아내와 어린 두 딸의 장래에 대한 두려움을 담은 편지를 보내왔습니다. 에디스는 어쩌면 마지막일지도 모르는 이 순간에 칼에게 줄 최상의 선물은 마음의 평화라는 것을 알고 있었기에 칼이 죽고나서 그들이 원한다면 일본인 아내와 두 아이를 미국에서 돌봐주겠다는 뜻을 전했고 칼은 조용히 평안하게 죽어갔습니다.

수개월 뒤 약속대로 칼의 젊은 아내와 두 아이가 에디스 곁을 찾아왔습니다. 그때 에디스는 이렇게 기도했습니다.

"이 여인을 집에 들어온 칼의 일부분처럼 생각하고 사랑할 수 있도록 도와주시옵소서. 이제 그 사람은 자신이 사랑하던 두 딸과 한 예쁜 여인이 되어 돌아온 것입니다. 그 사실을 잊지 않도록 도와주시옵소서."

말처럼 쉬운 일이 아닙니다. 이런 수준까지는 아니

더라도 남편의 가장 작은 필요를 하나만 채워줘도 가정생활은 달라집니다. 이를테면 남편들이 아내에게 요구하는 다섯 가지가 있습니다. 그런데 아내들은 이런 것을 잘 모릅니다. 그 가운데 하나가 칭찬입니다. 저는 이런 이야기를 자주 합니다. "아무튼 남편을 세워줘라. 그게 최고의 섬김이다."고 강조합니다. 그래서 이런저런 이야기를 따라 해보도록 합니다. "여보, 내가 암만 눈닦고 봐도 당신밖에 없습니다. 당신이 최고지. 그때 내가 당신 안 만났으면 어떻게 되었을까? 지금 생각해도 아찔해요." 아니, 그런데 어떤 여자분은 이렇게 말합니다. "지금 생각해도 끔찍해요."

제일 중요한 것은 남편을 세워주는 일입니다. 그러면 남자는 의욕이 넘칩니다. 삶의 가치를 느낍니다. 날마다 남편을 기죽일 수 있습니다. "당신은 언제나 늦게 들어와요. 한 번이라도 약속을 지킨 일이 있어요? 이것 봐요. 내가 뭐라 그랬어요. 이럴줄 알았다고요. 내 말 안 듣고 고집 부리더니 당신은 늘 그런 식이에요." 그러면 화가 납니다. 모든 것이 싫어집니다. 거스르지 말라고 합니다. 뜻을 그르치고 의욕을 꺾지 말라고 합니다.

그리고 복종하라고 합니다. 복종에는 죽음도 포함됩니다. 그래서 복종의 표준이 그리스도입니다. '주께 하듯'하라고 했는데, 차라리 주님께 하는 것은 쉽습니다. 그런데 남편에게 하라고 합니다. 주님처럼 대우받을 만한 남자가 얼마나 있을까요? 그렇지 못합니다. 그래도 하라고 합니다.

이런 복종을 한 아내가 있었습니다. 생명의 위험을 느끼고 위기에 내몰린 아브라함은 자신의 생명을 부지하기 위해 아내를 이용했습니다. "누이라 해라." 그렇게 해서 팔려갈 지경이 되었는데도 남편은 구해줄 생각조차 하지 않았습니다. 결국은 그 곤경에서 하나님이 구해주셨습니다. 남자의 부족한 용기와 비겁함이 영원한 이별을 가져올 뻔했습니다.

그런데 또 그런 일이 있었습니다. 한 번은 몰라도 두 번이나 자기를 기만 했습니다. 그래도 사라는 변함없이 남편의 말에 복종했습니다. 사람이 대개 한 번은 속지만 두 번은 안 속는다고 해야 하는데 두 번째도 저항했다는 흔적이 없습니다. 묵묵히 또 남편의 뜻에 순종합니다. 한마디로 놀라움 그 자체입니다.

죽음으로 내몰리면서도 사라는 묵묵히 순종했습니다. 그래서 베드로는 그런 사라를 이렇게 소개하고 있습니다. 베드로전서 3장 5-6절을 보십시오. "전에 하나님께 소망을 두었던 거룩한 부녀들도 이와 같이 자기 남편에게 순종함으로 자기를 단장하였나니 사라가 아브라함을 주라 칭하여 순종한 것 같이 너희는 선을 행하고 아무 두려운 일에도 놀라지 아니하면 그의 딸이 된 것이니라."

여러분도 이렇게 복종할 수 있습니까? 이러한 복종의 차원은 '주께 하듯'입니다. 이렇게 해야 할 이유가 어디 있습니까? 23절을 한번 보십시오, "이는 남편이 아내의 머리됨이 그리스도께서 교회의 머리됨과 같음이니." 여기서 남편의 위치를 매우 분명히 못박고 있습니다. 남편을 머리라 칭하고 있습니다.

이를 영어로는 헤드십(headship)이라 부릅니다. 권성수 교수는 이런 남편의 헤드쉽을 이렇게 설명했습니다.

"남자가 여자를 위하여 창조되지 않고 여자가 남자

를 위하여 창조되었으며 여자가 남자의 이름을 짓지 않고 '남자가 여자의 이름을 지었고' 여자가 부모를 떠나는 것으로 되어 있지 않고 '남자가 부모를 떠나'로 되어 있다."(창 2:23-24)고 했습니다. 뿐만 아니라 하나님은 하와가 먼저 선악과를 따먹었으나 아담을 먼저 찾으셨다는 사실에서도 헤드십이 주어지고 있다고 설명합니다.

바울은 이런 사상을 이렇게 표현했습니다. "남자가 여자에게서 난 것이 아니요 여자가 남자에게서 났으며 또 남자가 여자를 위하여 지음을 받지 아니하고 여자가 남자를 위하여 지음을 받은 것이니"(고전 11:8-9).

이런 헤드십은 여성이 있어야 할 위치를 잘 설명해 줍니다. 다시 말해 아내는 어디에 있어야 할까요? 아내는 남편의 머리 위에 있어서는 안 됩니다. 그렇다고 발 아래 있어서도 안 됩니다.

성 어거스틴은 "만일 하나님의 여자가 남자를 지배하도록 만드셨다면 여자를 아담의 머리에서 만드셨을 것이다. 또한 남자의 노예가 되도록 계획하셨다면 하나님께서도 여자를 남자의 발에서 만드셨을 것이다. 그러나 하나님은 여자를 남자와 동등하며 돕는 자로 만드셨기 때문에 남자의 옆구리에서 취하셨다."고 말했습니다. 그래서 우리말의 '여편네'라는 말도 "옆에 있네, 옆에 있네." 하다가 '여편네'가 되었다는 주장이 있습니다. 그러니까 여자는 옆에 있어야지 자꾸 위에 있어서는 안 됩니다. 옆에서 남편을 도와야 합니다. 남편을 지배하려고 해서는 안 됩니다. 기어올라서는 안 됩니다. 아내가 기어올라서 잘된 집이 없다는 것입니다.

남편과 한 가문에 큰 해를 끼쳤던 여인을 들라면 이 세벨을 들 수 있습니다. 아버지 오므리에 의해 정략 결혼을 했던 아합과 이세벨 부부는 신앙적 행위가 아닌 정치적 술수로 일관했는데, 남편 아합에게 선한 영향보다 나쁜 영향으로 파멸을 자초했던 여인이었습니다. 음행과 술수를 부리는 성품에다 끝까지 돌이키지 않는 고집이 있었습니다. 더구나 죽음을 앞두고서도 자기 포장의 가면을 쓸 만큼 연극에 능했던 여인이 이세벨이었습니다. 끝까지 남편을 조종하려 했던 여인의 종말은 비참했습니다.

아내를 나타내는 중세어는 '갓', '가시'였습니다. 윗녘에서는 '갓나이'라 부르고 아랫녘에는 '가시내'라고 부른 것이 바로 그것입니다. 처가를 가시집이라 했고, 장인은 가시아비로 장모는 가시어미, 처조부를 가시할아비로, 처조모를 가시 할미라고도 불렀습니다. 가시가 무엇입니까? 콕콕 찌르는 것을 의미합니다. 그러니까 여자란 가시 같은 존재라고 여긴 셈입니다. 영어의 woman은 남성(man)을 괴롭히는(woe) 존재라는 뜻으로 해석이 되곤 합니다.

이런 것을 보면 동양이나 서양이나 차이가 없습니다. 실제 여자들이 남성에 비해 독한 면이 많습니다. 성경에도 자식을 잡아먹은 것은 여자들입니다. 남자들은 자식을 잡아먹지 못합니다. 더구나 남자들이 예수 안 믿는 것은 쉽게 전도하는데 여자들이 예수 안 믿기로 작정하고 나면 전도하기 참 어렵습니다.

때문에 아내는 선행으로 남편을 도울 수 있는가 하면 해를 입힐 수 있습니다. 여러분은 어떤 아내입니까? 큰일에 대한 순종이 아닙니다. 생활속에서의 순종이 참 중요합니다. 남편에게 결정권을 주십시오. 남편을 앞장세우십시오.

제가 지금도 제 아내에게 감사하는 것은 아이들에게 아버지의 권위를 세워주기 때문입니다. 제가 한번은 아이들을 때린 일이 있습니다. 제가 생각해도 심했습니다. 아이들은 억울했을 것입니다.

이럴 때 아내들의 역할이 중요합니다. "애가 뭘 잘못했다고 그래요. 그러다 애 죽일 거에요?" "또 또 시작했다." "야, 얼른 잘못했다고 그래." "빨리 도망쳐." 그러면 아버지의 권위가 뭐가 됩니까?

그런데 집사람이 조용히 피해 버립니다. 그리고 아빠가 원망스러워 씩씩거리고 있는 아이들에게 타이릅니다. "너희들 화내는 아빠도 이해해야 돼. 아빠가 항상 좋은 것만은 아니야." 이럴 때 살맛이 납니다. "역시 마누라밖에 없어."

작은 결정을 내리는데도 "그건 아빠한테 물어봐야돼." "아빠가 결정하실 일이야." 그러면 아이들이 얼마나 아빠를 존경하겠습니까. 과거의 어머니들은 "아버지처럼 되려면 열심히 공부해야 돼."라고 말했습니다. 그러나 요즈음은 "네 아버지 같은 꼴 당하지 않으려면 열심히 해야 한다."고 가르칩니다. 이러니 집안의 권위가 어떻게 서겠습니까? 어찌 보면 집안의 권위는 남편에게서보다 아내로부터 비롯된다는 말이 더 정확한지도 모릅니다.

남편이 결정을 내렸으면 그리스도를 부정하는 일 말고는 순종하세요. 그렇게 순종하다 보면 남편도 아내에게 묻습니다. "여보, 지난번에는 이렇게 해서 잘 안되던데 어떻게 하면 좋겠어요?" 그런데 이게 아니고 옆에서 자꾸만 궁시렁궁시렁 괴롭히니까 되던 안되던 마음대로 하여 버리고 맙니다. 그래서 지혜로운 여인은 순종함으로 명령한다고 하는 것입니다. 여러분은 이런 작은 일에 순종합니까?

그리고 이러한 복종의 차원은 설사 그가 불신 남편, 즉 자신의 헤드십을 전혀 이해하지 못한 남편일지라도 그에게도 복종해야 한다고 가르칩니다. 베드로전서 3장 1-2절을 다시 한번 보겠습니다.

"아내들아 이와 같이 자기 남편에게 순종하라 이는 혹 말씀을 순종하지 않는 자라도 말로 말미암지 않고 그 아내의 행실로 말미암아 구원을 받게 하려 함이니 너희의 두려워하며 정결한 행실을 봄이라."

이렇게 순종은 놀라운 결과를 가져옵니다. 순종은 구원과 직결되어 있습니다. 작은 일이 아닙니다. 그러니까 순종할 수 없는 상황에서도 한 생명을 향한 구원을 바라보십시오. 이게 중요합니다. 순교할 각오라면 순종 못할 일도 없습니다.

제가 집회를 갔더니 한 집사님이 이런 이야기를 합니다. "우리 마누라가 목사님에게 하는 것 절반만 해줘도 소원이 없겠습니다." 그래서 제가 속으로 "오 목사 같이만 해봐." 그런 생각이 들었습니다.

남에게 잘할 수 있습니다. 그건 쉬운 일입니다. 그러나 가장 가까이에 있는 남편에게 잘해야 합니다.

성령충만을 방언이나 예언이라고 병이나 고치는 기도원에서나 주어지는 일이라고 착각하지 마십시오. 진정 성령충만하십니까? 가정에서 생활로 이를 증명하십시오. 그 가운데 하나가 순복입니다.